爸爸的陽光 ✕ 媽媽的柔情

讓孩子在愛中茁壯成長

身為一名父親，
該如何與孩子攜手共度成長之旅

鄧國弘，張美英 著

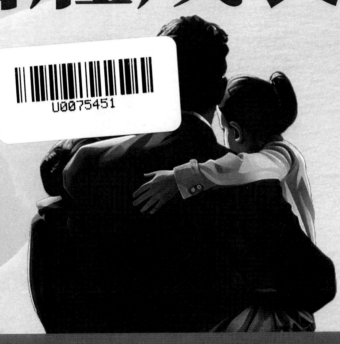

保守而落後的家庭觀念逐漸式微
孩子的成長過程不能只有媽媽
喚醒父親對家庭教育的重視
建立良好的情感溝通橋梁，打造積極向上的親子關係

目錄

目錄

目 錄

前言

　　隨著社會的發展和時代的進步，華人的家庭結構、規模、觀念、倫理等都發生了巨大的變化：保守而落後的家庭生活方式逐漸式微，家庭成員之間的情感交流構成了家庭生活的主流。然而在這一變化中，父親的角色似乎未能跟上家庭變遷的步伐，被疏離於家庭生活之外，尤其在孩子的教育問題上存在著諸多不足和迷思，而且普遍存在著「父教缺失」的現象。

　　2008 年，中、日、韓、美四國研究者聯合展開的一項研究證實：在華人家庭中，父親與孩子之間情感溝通的頻率、內容、品格都不容樂觀；在面向高中生群體的一份調查問卷中，父親被選為「第六傾訴對象」，排在同性朋友、母親、異性朋友、兄弟姐妹們甚至陌生網友之後。

　　在現實生活中，我們經常會看到這樣的畫面：在學校門口，接送孩子的通常是母親或爺爺奶奶；在家長會上，往往是由母親出席；在學校舉辦的夏令營活動上，大部分是母親陪伴在孩子身邊；在書店裡，幫孩子挑選書籍的大多是母親……母親陪伴孩子的情景隨處可見，然而父親卻難覓蹤影。

　　父教缺失，不僅嚴重影響到孩子的健康成長、家庭的幸福和諧，而且也可能會產生出一些社會問題，比如叛逆、暴力、犯罪、網癮、性問題……身為一名長期致力於家庭教育領域的

實踐者，在為家長做培訓和諮商服務的過程中，我接觸過許多涉及青少年心理障礙和行為問題的案例，其中很大的原因就在於父親教育的缺失。

父教緣何缺失？原因可能是多方面的，但我認為最主要的還是在於華人傳統教育觀念的束縛，即「男主外，女主內」──在現代家庭環境中，男人是家庭的「頂梁柱」，肩負著賺錢養家的重任，因而將主要的時間和精力投入到事業、工作、應酬、社交中；而母親則往往承擔著「相夫教子」的角色，照顧孩子的課業和生活。這種「男女分工」的傳統觀念直接導致了父親在家庭教育中的缺位。

在現代家庭教育中，父親的教育對孩子的成長和發展具有不可替代的作用，甚至在某種程度上決定了孩子將來的成就。教育機構研究顯示，父親的愛與親近，在孩子的品格培養、智力發展、社會心理以及堅強、自立、勇敢等性格方面，具有非常重要的作用。具體展現在以下幾個方面。

一、父親教育能夠讓孩子更堅強。父親通常具有堅強、樂觀、豁達、自信、勇敢、果斷、富有進取心等性格特徵。在孩子成長的過程中，往往會將父親作為自己心目中的第一位偶像，父親與孩子在情感交流時，孩子會潛移默化地感知和模仿父親的言談舉止，因此，父親的教育能讓孩子變得更加堅強。

二、父親教育能夠培養孩子的探索精神。相對於女性而言，男性往往更具有探索精神，對新生事物充滿好奇。父親在

與孩子玩遊戲時，通常喜歡與孩子玩一些運動性、智慧性的遊戲，鼓勵孩子勇於嘗試新鮮遊戲，從而更有利於培養孩子的探索精神。

三、父親教育更有利於培養孩子的邏輯思維能力。由於男性的邏輯思維能力、動手實踐能力都優越於女性，因此父親在教育孩子的過程中，對孩子的邏輯思維能力產生很大的作用。與父親親密相處的孩子，數學、物理成績較佳。

四、父親教育更易促進孩子智力的發展。雖然母親和父親都會有意無意地希望推動幼兒的智力發展，但由於採用的方式不同，所發揮的作用也是有差別的。母親往往會透過圖書或周圍環境教幼兒如何認識事物、思考問題；而父親則喜歡透過一些需要動手的活動引導幼兒的探索意識、創新思維和動手能力，促進幼兒好奇心和求知欲的發展。

五、父親教育更能促進孩子性別角色的認知。孩子對男女兩性的最高認知往往來源於家庭，他們會認為女孩就應該像母親一樣，男孩就應該像爸爸一樣。如果在家庭教育當中，父親的角色缺失，不僅不利於男孩對同性的認同，而且也會影響女孩對異性的認知。

正如香港著名作家梁鳳儀所說的那樣：「恐懼時，父親是一塊踏腳的石；黑暗時，父親是一盞照明的燈；努力時，父親是精神上的支柱；成功時，父親又是鼓勵和警鐘。」在孩子的成長道路上，父親教育有其特殊的重要地位和價值效果，尤其是當

前言

孩子還沒有形成成熟的世界觀時，父親教育顯得尤為重要。這一時期的親子教育對孩子的影響將是終身的，倘若這一階段父愛缺失，將會為孩子的一生帶來無法彌補的遺憾！

　　本書緊貼當下現代家庭教育現狀和熱門話題，集嚴肅性與通俗性、專業性與趣味性於一爐，以抽絲剝繭的方式揭示了教育的本質和真相，對父親教育進行了客觀詳實、系統全面地分析和講解，深刻指出父親在子女教育問題上的偏見和盲點，引領父親徹底打破傳統教育觀念的桎梏。

　　這是一次理論和實踐的完美結合，在本書中，筆者直面家長最關心的人格教育、成才教育與溝通教育等教育問題，並根據自己的專業與經驗，給出了許多簡單有效的操作方法，讓父親在教育孩子時能夠有跡可循，希望這本書能為廣大讀者帶來一些有益的幫助。

作者

2015 年 1 月

導讀

▷ 父親，對於孩子究竟意味著什麼？著名心理學家格爾迪說，父親的出現是一種獨特的存在，對培養孩子有一種特別的力量；英國著名文學家赫伯特（David Herbert Lawrence）則認為，一個父親勝過 100 個校長；而美國總統歐巴馬（Barack Obama）在自傳《無畏的希望》（*The Audacity of Hope: Thoughts on Reclaiming the American Dream*）中曾這樣寫道：「人不是完其父願，就是繕其父過……」我們每一個人，都生活在父親的巨大影響裡，這種影響往往超越生死，超越時間與空間！

▷ 父教缺失，將會對孩子造成怎樣的影響？根據美國權威機構數據調查顯示：美國 70% 的少年犯來自單親家庭；60% 的少年凶殺犯來自無父家庭；70% 的長期服刑犯人來自無父家庭；90% 離家出走的孩子來自無父家庭；戒毒中心有 75% 的青少年來自無父家庭……這組冷冰冰的數據告訴了我們什麼？父親就如同生命中不可或缺的氧氣一樣重要。父愛缺失，將會為孩子的一生帶來無法彌補的遺憾！

▷ 在亞洲的家庭教育環境中，「男主外，女主內」的傳統教育理念依舊根深蒂固，許多父親以工作繁忙、賺錢養家為由，忽視對孩子的教育，以致父親的角色在家庭教育中越來越

模糊，而由此產生出大量的社會問題 —— 叛逆、暴力、犯罪、性問題、網癮……已然演變成社會之殤！父親教育的缺失，不僅對孩子的健康成長、家庭的幸福和諧帶來嚴重的負面影響，而且對社會的破壞性影響也是不容置疑的！

▷ 在現代家庭教育中，父親的教育對孩子的成長和發展具有不可替代的作用，甚至在某種程度上決定了孩子將來的成就。如果將母親比作一片綠草地，那麼父親就是一棵大樹。母親提供給孩子的更多的是溫暖、依戀和舒適感；而父親在孩子心目中則代表著無窮的力量和強大的依靠。父親對孩子的影響主要表現在品格培養、智力發展、社會心理以及堅強、自立、勇敢等性格的確立上，這是在家庭教育中母親所不可替代的。

▷ 本書創作的初衷和目的，就是要喚醒父親角色回歸家庭教育，讓孩子在父愛下成長。本書作者既是一位父親，也是一名教育心理學專家。作者立足於現代家庭教育理論和實踐，從父教理念、教育定位、親子溝通、性格塑造、逆商教育、品格培養、男孩教育、女孩教育 8 個方面入手，結合華人傳統教育和西式教育的優點，總結出了一套獨特的親子教育方法，系統闡述了父親在孩子成長中的重要性及教育方法。

▷ 本書最大的特色在於，緊貼當下現代家庭教育現狀和熱點話題，深刻指出父親在子女教育問題上的偏見和盲點，對父親教育進行了客觀詳實、系統全面地分析和講解。這是一次理

論和實踐的完美結合，在本書中，作者直面家長最關心的人格教育、成才教育與溝通教育等教育問題，並根據自己的專業與經驗，給出了許多簡單有效的操作方法，讓父親在教育孩子時能夠有跡可循。

▷ 本書將重點闡述：如何讓家長對父教有更加深入全面的認識，讓父親承擔起在家庭教育中的職責；如何走出家庭教育迷思，重塑父親在家庭教育中的角色形象；如何與孩子進行心靈溝通，架起父親與孩子之間的情感橋梁；如何根據孩子不同的性格特點，幫助孩子塑造出完美的性格；如何對孩子進行逆商教育，讓孩子在挫折和逆境中學會堅強；如何在孩子面前樹立「父親權威」，以言傳身教的方式培養孩子的高貴人格；如何打破傳統教育觀念的桎梏，在男孩的成長道路上給予科學的引導和幫助；如何在女孩不同的成長階段施以不同的教育，培養和塑造出氣質優雅、心智成熟、性格完美的「小公主」……

第一章

亞洲式「父教」：
不要缺席孩子的成長之路

▌亞洲式「父教」，到底缺少了什麼

　　上古時期，「父」所指的便是一個家族或部落當中最具有威望的人，而這種威望在先輩造字的過程中也得到了展現。由於原始社會棍棒類的東西是主要的生產工具兼武器，所以甲骨文的「父」字很像一隻手握住棍棒的樣子。此外，還有一種說法認為「父」字當中所握的不是棍棒，而是代表威望的權杖。《說文解字》中云：「父，矩也，家長率教者，從手舉杖。」

　　這裡所說的便是「父」在家庭當中的精神引領、安全保護、經濟供給和垂範訓導作用。

　　不過，由於現代社會生活節奏加快、經濟壓力增大，男性的角色主要轉移到了外面，在家庭當中父親的角色則變得越來越淡，孩子的教養重任基本都轉移到了母親或者祖輩的身上。一生致力於發展心理學研究的美國著名心理學家格塞爾（Arnold Lucius Gesell）基於自己的研究，曾經說過這樣一句話：「失去父愛是人類感情發展的一種缺陷和不平衡。」所以，「父教」的缺

失不僅不利於孩子良好身心的塑造，而且有可能為孩子的成長埋下巨大的隱患。

1. 現狀：亞洲家庭普遍存在「父教缺失」

兒童的成長過程中是否缺失「父教」，缺失到何種程度，「父教」的缺失又會對他們的成長造成怎樣的影響呢？下面的數據會告訴我們答案。

在一項「中、日、韓、美四國高中生權益狀況比較研究報告」中，雖然 94.0％（日本為 88.4％，韓國為 91.7％，美國為 93.9％）的中國高中生覺得父母非常關心自己，這一比例超過了其他三個國家；但覺得自己的煩惱無處傾訴的比例在四國當中仍然最高（美國 8.4％，韓國 17.2％，日本 19.4％，中國 21.0％），並且表示自己平時跟父母溝通的比例卻最低（日本 82.0％，美國 73.8％，韓國 70.1％，中國 54.8％）。

另外，在「煩惱和心事的訴說對象」的調查當中，日、韓、美三國的高中生都將自己的父親和母親排在了前五位當中，而中國高中生所列出的前五位當中只有母親，父親甚至排在網友之後。

在一個家庭當中，父親往往意味著規則的制定者和監督者，是權威和值得信賴的代表，如果在兒童成長的過程當中，父親的角色缺失，兒童在成長的過程當中缺乏一定的參照，遇到問題的時候也難以找到可以尋求幫助的人，就有可能走彎路。曾經有人做過這樣一個比喻，家庭當中「父教」的缺失會直

接開啟兩條生產線，一條通向社會，輸出的是有問題的個體；另一條通向監獄，輸出的則是各式各樣的罪犯。

根據美國父道組織的一項調查：80％的未成年強暴犯的犯罪動機與家庭當中缺少父親相關；75％的染上毒癮的青少年來自缺少父親的家庭；90％的離家出走的孩子來自缺少父親的單親家庭……

而根據青少年成長基地的研究，當家庭當中父親的角色出現問題時，孩子更容易形成癮性人格。根據對機構網路成癮案例的分析，高達87％的個體認為受到的最主要的傷害是缺失父愛。

隨著經濟的快速發展，物質獲得極大滿足的同時，華人的家庭模式也發生了巨大的變化，有的家庭結構以及責任分工等逐漸瓦解，家庭倫理越發淡薄，取而代之的是更多的重組家庭和單親家庭。而在這個劇烈的變化過程當中，家庭當中父親的角色似乎也跟著減弱了，兒童成長的過程當中「父教」的缺失，成了華人家庭教育中的凸出問題。

「父教」缺失的原因不同，對兒童成長所造成的影響也有差別，比如：

父親過於「主外」，忙於事業，忽視家庭和對子女的教育；廣大農村地區，父親作為主要勞動力外出打工，兒童處於留守或半留守狀態；家長離婚後，孩子跟隨母親生活，父親疏於對孩子的關心和管教等等。

2. 溯源：「父教」缺失的根源在於父道觀念的衰落

(1) 父道觀念受傳統思想「掣肘」

傳統思想認為「男主外，女主內」，這在一定程度上影響了家庭當中父親的教育觀念。雖然，隨著居民的受教育程度逐漸成長，這種思想有減弱的趨勢，但家庭當中與孩子教育相關的工作仍然主要由母親承擔，部分父親仍然認為「帶孩子」不符合自己的男性角色。

(2) 父道觀念被生活壓力「壓垮」

雖然很多父親本身有承擔家庭教育的意願，但巨大的生活壓力仍然使得廣大的父親們忙於事業和生計而無暇他顧。在一項關於「父教」缺失的原因調查當中，69.2％的被調查者選擇的是「解決家庭經濟壓力」。雖然已經有更多的女性投入到各行各業當中，但由於生理以及其他因素的影響，男性在很多行業當中仍然占據主導地位，而這也就必然導致了男性注重家庭和子女教育的時間和精力減少。

(3) 父教觀念受傳統理論思想「誤導」

早期，在心理學界和教育學界曾有一種觀念，認為與父親相比，母親對孩子成長的作用更為關鍵。這主要是由於孩子自出生後，母親就承擔著餵養孩子和陪伴孩子的主要工作，使得孩子與母親之間建立了一種依戀關係。實際上，近期的研究

已經可以說明，父親和母親在孩子成長過程中的作用是同等重要的。

(4) 父教權威受教育方法不當「威脅」

在現實生活當中，很多父親空有一顆火熱的心，對教育孩子有滿腔熱情，但由於方法不當，踏入了教育孩子的迷思。

迷思一：以分數論「英雄」。很多父母對子女的愛往往容易展現在對學業成績的關注上，不重視孩子學習能力的培養，一心想提高孩子的考試成績。當孩子取得好的考試成績時，便會心花怒放，毫無原則地滿足孩子提出的要求；而當孩子考試成績不理想時，就對孩子嚴加斥責，甚至大打出手。

迷思二：重身體鍛鍊，輕心理建設。父親由於性別的原因，容易意識到健康的體魄對孩子一生的重要性，但同時也恰恰容易忽視健康的心理對孩子的影響，以致令人扼腕嘆息的未成年人自殺自殘事件時有發生。

迷思三：慣用懲罰，疏於表揚。在很多家庭當中，父親和母親對孩子的教育往往有一種約定俗成的分工，即父親唱黑臉，母親唱白臉。於是，為數不少的父親習慣透過較強硬的方式來對待孩子，比如責罵和體罰。

這一方面容易傷害孩子稚嫩的心靈，另一方面也容易加深孩子對父親的牴觸情緒。

迷思四：採用不恰當的方式教育孩子。孩子的成長是有規律可循的，而教育也應該遵循這些規律，只有這樣教育才能達

到事半功倍的效果。

有些父親往往因為不了解教育的基本原理和孩子所處年齡階段的特點，而採用錯誤的教育方式，比如在孩子入學之前大量灌輸純記憶性的知識給孩子，這樣短期內有可能會有一些收效，但這並不利於孩子的長遠發展。

(5)母愛過剩「滋生」父愛缺失

很多家庭當中，母親出於母性的本能不僅主動地承擔起撫養和教育孩子的重任，而且幾乎將所有的精力全部投注到了孩子身上。在一些家庭當中，一些母親由於「愛子心切」，甚至不讓其他人碰孩子。加之過去的嚴父觀念越來越被推翻，很多父親會覺得自己找不到教育孩子的入口。實際上，對孩子來說，母愛跟父愛並不衝突，由於各自的性別優勢，父親和母親在家庭教育中發揮作用的側重點不同，母親可以著重於對孩子生活的關心，父親則可以偏重於對孩子品格的培養。

3. 呼籲：華人需要塑造新時代的父親角色

(1)「父教」對孩子的發展有怎樣的價值

教育學和心理學領域的研究已經證明，父親的教育對孩子的成長和發展具有關鍵的作用。「養不教，父之過」，父親對孩子的影響是多方面的。

一、孩子智力發展的特殊催化劑。已有的多項研究得到了

一個非常相似的結論：父親參與孩子的生活和對孩子的陪伴能夠促進孩子的智力發展。

耶魯大學一項長達 12 年的追蹤研究證明：在父母雙方均有參與，而父親更多承擔撫養和教育責任的孩子的智商更高，並且處理人際關係的能力也往往更強。

二、幫助孩子形成積極的個性。由於性別的原因，母親在撫養和教育孩子的過程中，出於保護孩子的心態，往往不希望孩子有太劇烈的活動；而父親則恰恰相反，會更傾向於帶孩子進行較劇烈的活動，並頻繁地更換活動的內容和方式，而這也更容易養成孩子積極的個性。

三、提高孩子的社會交往能力。心理學的研究發現：如果嬰兒在 5 個月之前與父親有較多的接觸，那麼當他面對陌生人時，更加不容易退縮，而有更多的回應。另外的一項心理學的研究也指出：在 5 歲之前有父親照顧和陪伴的孩子，長大以後社交能力更強，並且更容易體貼和同情他人。

(2) 如何樹立新時代的父教觀念

一、樹立無法替代的父親角色。不管教育學界還是心理學界，已有的研究都已證明，父親和母親在孩子的成長過程中均有不可忽視的作用。比如：母親更為細膩，與孩子有更多的身體接觸，能夠安撫孩子；而父親往往透過遊戲和榜樣作用教會孩子遵守規則，形成更勇敢、積極、堅定、自信的個性。

二、父親的影響自孩子出生起就開始了。父親的角色不僅

是無法替代的，而且自孩子出生起就已經對孩子的成長產生影響了。凱文‧努琴特研究發現：在孩子出生的第一年裡，如果父親常參與嬰兒的撫養工作，那麼孩子成長過程中表現出的認知水準更高。而德國心理學家蘇埃斯的研究則指出：父親在孩子 12 到 18 個月的階段內與孩子的相處，會影響他成長過程中的同伴關係。

三、父教對男孩女孩同樣重要。早期的研究基於性別認同的角度，往往認為父親的陪伴和教育對男孩的影響更大，更有利於其男性角色的建立和良好性格的培養。實際上，根據後期的一些研究：父親對女孩成長的作用也是同等重要的。心理學的研究顯示：父親會影響女孩對異性的認知，如果在女孩成長的過程中，父親的角色處於缺失的狀態，那麼，她面對異性時更容易焦慮，並且兩性關係容易混亂。

缺乏父教，會給孩子造成哪些負面影響

某地曾經對兩千多名市民進行過一次調查，調查的結果顯示：母親已然成了家庭教育的主力軍。至於父親較少參與家庭教育的可能原因：

「經濟壓力大，加班應酬多」這一項被選擇的比例最高，為 61％；「觀念問題，認為孩子的教育應該由母親負責」這一項被選擇的比例為 39％；而「缺乏教育孩子的責任感」這一項被選擇的比例也有 37％。

　　某地幼稚園的一項調查也顯示：幼兒教育的主要參與者是孩子的母親和祖輩，能夠經常與幼兒一起讀書、玩遊戲的父親比例僅為33%；生病的時候能夠陪孩子去醫院的只有25%；幼稚園的家長會也已經成了「奶奶會」和「媽媽會」。

　　在家庭教育當中，父親和母親對孩子的成長和發展都是不可缺少的，兩者所能發揮的作用也是不同的。但是，往往由於經濟壓力、離婚等原因，孩子的成長過程中經常會缺少父親的陪伴和教育。那麼，父教缺失，會為孩子的成長造成哪些不利的影響呢？

1. 影響孩子性別角色的發展

　　由於鵬鵬的爺爺在鵬鵬出生之前就去世了，鵬鵬出生以後爸爸和媽媽也離婚了，所以，鵬鵬一直跟奶奶和媽媽住在一起，純女性的撫養方式，讓鵬鵬看上去跟別的小男孩不太一樣。

　　兒童節到來之前，媽媽問鵬鵬想要什麼禮物，他說想要一個漂亮的髮夾；夏天的時候，媽媽帶他去買衣服，他只喜歡裙子，不喜歡短褲，而且最喜歡粉色的；平時，跟別的小朋友一起玩的時候，鵬鵬也只喜歡跟姐姐妹妹玩，不喜歡哥哥弟弟；有一天，鵬鵬甚至鄭重其事地跟媽媽說：「當女孩好，我想當女孩，不想當男孩。」

　　一般來說，人們會期望個體表現出與自己的生理性別相同的性別認知和性別行為。根據相關的研究，父親和母親在兒童

性別角色發展的過程中所發揮的作用是不同的，在一個家庭當中，如果父親缺失，那麼兒童的性別角色發展更容易出現混亂。

　　幾乎所有發展心理學和教育心理學的理論都認為：父親在兒童性別角色認同中的作用是至關重要的。精神分析學派的觀點將父親的角色定義為兒童的教育者、保護者和理想化的榜樣，兒童會自發地模仿父親的行為。

　　社會學習理論強調榜樣的強化作用，對男孩來說，他會參照父親提供的行為模式形成自己的行為模式；對女孩來說，父親的形象會影響她對異性的認知，她往往傾向於據此選擇異性伴侶，而且，父親的關愛和陪伴，能夠增強她的安全感。認知學派的觀點則認為，父母所提供的性別角色資訊，會影響個體社會化過程中對性別角色的理解。

2. 影響兒童道德發展

　　8 歲的時候，小劍的父親因為車禍去世了，家裡的頂梁柱一下沒了，為了供小劍讀書，母親找了很多兼職，天天早出晚歸，經常是小劍一個人在家。雖然知道母親辛苦是為了自己讀書，但小劍對讀書越來越沒有興趣，於是國中還沒畢業便輟學回家了。

　　回家以後，小劍整日無所事事，便泡在網咖裡，時間長了，囊中羞澀的他連上網的錢也沒有了，於是便開始找工作。他在網上看到一則徵人啟事十分心動，便去了約定的地點。原

來所謂的「雇主」也不過是比自己大兩歲的小江，小江說：「因為我們都是未成年人，所以做什麼都不算犯罪。現在大街上有很多電動車，我們可以偷來賣，一個月可以賺不少錢。」小劍信以為真，便跟著小江四處盜竊電動車。

半個月後，正當小劍為口袋裡多了幾百元開心的時候，小劍和小江二人就被警方抓獲了。

心理學的研究發現：相比家庭完整的男孩，在父親缺失的家庭中長大的男孩的規則、愧疚、道德判斷等與道德發展的水準方面都較低。在針對兒童的反社會行為與父親缺失關係的一項研究中，心理學家們發現：在父親缺失的家庭中長大的兒童更容易出現反社會行為，而且即使有繼父或其他男性角色填補進來，其反社會行為也不會減少。隨著兒童不斷的成長，其道德問題和反社會行為將非常有可能演化為犯罪行為。

3. 不利於健康人格的塑造

四年一屆的世界盃在巴西開打了，這本來是一件好事，但因為世界盃東東對爸爸的意見更大了。

今年東東已經 12 歲了，因為爸爸是個球迷，他耳儒目染地受到了一些影響，他多想能跟爸爸一起去踢球啊，可是爸爸一直說自己忙，每天回來得都很晚，週末也經常加班。世界盃開賽以後，爸爸更是神龍見首不見尾，經常跟朋友在酒吧熬夜看球，偶爾回來就盯著體育頻道，經常半夜起來看球，而且總是

發出很大的聲音把大家吵醒，媽媽如果勸說他或者關掉電視，他就會大為光火，開始罵人、打人。

有一天爸爸回來得早，東東也想跟爸爸一起看球，但爸爸卻不耐煩地對他吼道：「滾一邊去，趕緊讀書，考不好老子揍死你！」

對孩子的成長和發展來說，只有母親和父親的教育各自發揮其優勢，並完美融合，這種平衡的效果才是最佳的。如果像案例中東東的父親一樣，平時不參與孩子的教育，偶爾與孩子交流態度簡單粗暴，並且不尊重其他家人，這樣孩子一方面會越來越不重視父親在家庭中的地位，另一方面也會受到父親惡劣品格的影響，不利於健康人格的塑造。

4. 不利於良好習慣的養成

5歲的天天非常聰明勇敢，因為他一直覺得自己是個小男子漢，所以，凡事都想跟爸爸一樣。他看見爸爸不洗澡，他也不洗澡；爸爸熬夜很晚才睡，他也不按時上床；有時候，聽到爸爸說一句髒話，他也立刻跟著學……天天的爸爸平時工作很忙，都是媽媽照顧天天，但天天卻不願意聽媽媽的話，而當媽媽求助於爸爸，希望他能「管管天天」的時候，爸爸卻又總以「帶孩子就是你們女人的事」為理由拒絕幫忙。

孩子良好習慣的養成，與家長的教育有很大關係。尤其是對自制力較差，又不能明辨是非的幼兒來說，家長就是參照的

榜樣。案例中的天天是一個男孩子，本身就崇拜父親，但父親本身的習慣就不好，無法按時作息、不講衛生、口吐髒話，而且又不願意正確地引導和教育孩子，這都會成為孩子錯誤的榜樣。即使天天的媽媽按正確的方式教育孩子，孩子也無法養成良好的習慣。

5. 不利於責任感的培養

冰冰的爸爸由於工作的原因會經常出差，一年 12 個月，出差的時間加起來有 8 個月，不過，不出差的時候，他的工作很少，會有大把的空閒。但是，即使在家的時候，爸爸也不願意幫媽媽做家事，經常對著電腦打遊戲或者玩手機，偶爾心血來潮會去看一眼冰冰的作業，但因為性格暴躁，只要發現作業有錯就會對冰冰發火，有幾次還一氣之下把冰冰的作業簿撕了。

漸漸地，媽媽發覺冰冰越來越不聽話了，爸爸出差的時候，他經常作業也不寫，如果爸爸回來了，他就借一本同學的作業來應付爸爸。

在大多數的家庭當中，母親經常是主要的服務者，照顧大家的飲食起居。而家庭中的其他成員，尤其是父親的態度，經常會影響孩子責任心的培養。如果父親願意主動幫助母親分擔家務和其他事宜，就容易培養孩子的責任意識，反之，孩子就會覺得別人照顧自己是理所當然的。

在我們生活中經常會見到很多孩子，在家裡，連穿衣、吃

飯、上廁所等種種小事都需要別人幫忙，更不樂意主動參與家庭勞動；在學校裡，不願意完成老師安排的讀書任務，覺得讀書是為別人讀的，不願意參加集體活動，覺得跟自己無關……這些都是缺乏責任感的表現。

▌在現代家庭教育中，父親的角色與責任

由於社會競爭日趨激烈，人們的生存壓力越來越大，眾多家庭中的父親們開始抽離家庭生活，而在職場打拚，工作相對輕鬆的母親則承擔起了養育孩子和照顧家庭的重任。但對孩子來說，健康的成長既離不開母親的呵護，也離不開父親的教誨，「父教」不僅有利於認同性別角色的發展，而且能夠促進孩子的智力發展，有利於良好個性和積極情感的形成。所以，在現代家庭教育中，父親也應承擔相應的教養職責。

由於平時去幼稚園接送孩子和幫孩子開家長會的家長大多數為女性，為了讓爸爸們更關心孩子的成長、更了解孩子的狀況，小太陽幼稚園在「父親節」到來之前，萌發了舉辦一個「爸爸聚會」的想法。

經過前期的了解和與孩子家長們的溝通，「爸爸聚會」的時間就定在了距離「父親節」最近的一個週日的上午。

聚會開始的時間原定為週日上午 9：00，但 8：55 的時候只到了 3 位父親，9：10 的時候還有 15 位父親沒到，經過各班老師的溝通，又有 10 位父親在 9：30 之前趕到了，另有 5 位父親

表示自己實在太忙無法出席。

首先，幼稚園對出席的父親們做了一項「親子關係調查」，調查的內容包括「每天是否會抽空陪孩子玩？」「如果週末答應了陪孩子出遊，臨時有事，是否會丟下孩子去忙？」……調查的結果顯示：只有 36％的父親了解孩子近期的情況；24％的父親每天會抽出時間陪伴孩子；而表示「臨時有事，會取消與孩子約定」的父親比例高達 84％。

幼稚園的第二項調查對象則是孩子們，老師請孩子們分別以「我希望爸爸……」的句式造句。有的孩子說：「我希望爸爸週末能帶我去動物園」；有的孩子說：「我希望爸爸能做一頓飯給我和媽媽吃」；有的孩子說：「我希望爸爸偶爾也能送我去幼稚園」；有的孩子說：「我希望爸爸能講故事給我聽」。

1.「父教」的優勢：父愛無邊，有利於孩子幸福成長

對孩子來說，母親往往是細膩、溫柔的，而父親則是強大、可靠的，完整的家庭教育應該是母性和父性結合起來的教育。生活中，由於經濟壓力以及傳統觀念的影響，大部分孩子所接受的家庭教育往往以母性的教育為主，這對孩子一生的發展都是十分不利的。

耶魯大學曾經專門針對父親的教育與孩子成長的關係做過一項研究，結果證明：與缺乏父親教育的孩子相比，有父親參與教育的孩子往往智商更高，更容易獲得成功的人生。

(1) 有助於良好個性的養成

與母親相比，父親往往更具有開朗、堅強、勇敢、堅定、獨立、果斷等個性特徵，因此，在父親培養和教育孩子的過程中，孩子潛移默化地便會受到父親的薰陶，也會主動地模仿父親的行為特徵，在與他人相處時，他們的表現會更不退縮、更具有親和力和同情心，並且更容易成為團隊中的領導者和統籌者。

(2) 有利於積極情感的滿足

父親和母親陪伴孩子的方式往往是不同的。母親往往喜歡孩子安靜，喜歡採用講故事、唱兒歌、扮家家酒等方式陪伴孩子，而且當孩子有大膽的舉動時，出於安全的考慮，母親經常會進行制止；父親則完全是另外一種方式，他們更擅長透過踢足球等較為激烈的方式與孩子一起玩耍，講故事的時候更喜歡採用比較誇張的方式調動孩子的興趣，對孩子的大膽舉動往往更加支持和鼓勵。由於幼兒愛玩好動，他們往往更喜歡跟父親一起玩耍。

(3) 促進性別角色的認知

孩子對男女兩性的最高認知往往來源於家庭，他們會認為女孩就應該像媽媽一樣，男孩就應該像爸爸一樣。如果家庭教育當中，父親的角色缺失，不僅不利於男孩對同性的認同，而且也會影響女孩對異性的認知。

(4) 更易促進智力的發展

雖然母親和父親都會有意無意地希望推動幼兒的智力發展，但由於採用的方式不同，所產生的作用也是有差別的。母親往往會透過圖書或周圍環境教幼兒如何認識事物、思考問題；而父親則喜歡透過一些需要動手的活動引起幼兒的探索意識、創新思維和動手能力，促進幼兒好奇心和求知欲的發展。可以說，母親和父親的這兩種家庭教育方式，對孩子的智力發展都是不可缺少的。

2.「父教」的方法：耐心育兒，積極承擔教養職責

實際上，父教的缺失不僅僅只是父親「不作為」，也包括父親的「不正確作為」。在我們的生活當中，很多父親對子女寄予厚望，也願意抽出時間教育孩子，但由於缺乏正確的教育理念和教育方法，而成為了家庭教育的「門外漢」。

(1) 走近孩子，創造和諧的家庭氛圍

孩子的教育問題，對有些家長來說是天大的難事，他們花費大量的人力、物力、財力卻收不到應有的效果；對有些家長來說則是輕而易舉的小事，教育孩子在他們眼裡是極其自然的事情，達到的效果也十分理想。所以，家庭教育也應該講究「技巧」。而其中的第一步，就應該是創造一種適合孩子成長的和諧的家庭氛圍。

　　雖然如今我們大部分的家長已經受過高等教育，對孩子的教育也有自己的理念，但仍然不乏有些父親會有「男人就應該在外打拚，家裡的事交給妻子」的觀念，在家裡他們也經常以功臣自居，對妻子缺乏應有的體貼和幫助，對孩子也不盡心教育和陪伴，這樣的家庭氛圍自然不利於孩子的成長。適應幼兒成長的家庭氛圍應該是互相尊重、彼此體諒、互敬互愛的。

(2) 親近孩子，與孩子共享每一段時光

　　無論是從建構良好的親子關係的角度，還是從促進兒童身心發展的角度來說，父親都應該盡可能地拿出時間親近孩子，珍惜與孩子共處的時光。透過親子之間的互動，孩子不僅能夠感受到來自父親的關愛，而且能夠收到父親個性和思維方式的薰陶，促進認知等方面的發展。

(3) 關心孩子，了解孩子的生理與心理

　　教育應該是以孩子為本的，父親應該在平日的觀察和與孩子相處的過程中，盡可能對孩子的身心狀況有相當程度的了解。這樣做，一方面有利於根據孩子的特點進行恰當的教育；另一方面有利於家長盡可能地發現孩子成長過程中的問題，並給予有效的引導和幫助。

(4) 教育孩子，讓孩子明白為人處世的原則

　　愛不應該是盲目的，偉大的愛應該是為孩子一生的長遠發展考慮的。

父親對孩子的教育除了應該包括認知能力的培養和良好品格的塑造以外，還應該立足於日常生活，教給孩子為人處世的基本道理。

拓展遊戲，親子互動：讓孩子感受父親的愛與陪伴

1. 我的寶寶在哪裡

遊戲準備

黑布條。

遊戲玩法

每個家庭中由爸爸與孩子參加，讓孩子們手拉手圍成一個圓圈，爸爸用黑布條將自己眼睛蒙住，然後鑽進圈內。孩子們一邊唱歌，一邊圍繞著這位父親轉，歌曲唱完時立定，讓蒙著黑布的爸爸來尋找自己的孩子。

遊戲要求

在做這個遊戲時，爸爸必須將眼睛蒙住，孩子不能發出聲音（否則視為作弊），爸爸只能透過觸摸的方式來加以辨別、尋找。

2. 我幫爸爸穿鞋子

遊戲玩法

　　每個家庭的父親帶著一個孩子參加遊戲，遊戲一開始先讓孩子熟悉自己爸爸的鞋子，熟悉之後爸爸們脫下自己的鞋子集中放進老師事先畫好的圓圈裡，由老師來將鞋子的順序隨機打亂排放，這時孩子們參與進來，從圓圈裡無秩序擺放的一堆鞋子裡找到自己爸爸的那雙，把它們取出來回到爸爸身邊幫爸爸穿上，誰先完成誰就是贏家。

3. 踩氣球

遊戲準備

　　氣球。

遊戲玩法

　　踩氣球的遊戲由每個家庭的父親與孩子參與，老師以家庭為單位分發氣球和繩子，每個家庭得到氣球與繩子各一個，爸爸先把氣球吹起來，然後用繩子綁在自己的腳踝上，然後背起自己的孩子去踩別人家的氣球，同時努力保護自己家的氣球不被別人踩破，遊戲中，氣球沒保住的家庭即被淘汰出場，直到場上剩下最後一個家庭，成為此場遊戲的勝利者。

4. 小腳踩大腳

遊戲玩法

　　每個家庭由父親帶著孩子參加，遊戲一開始孩子雙腳站到爸爸腳上，爸爸拉緊自己的孩子確保他站穩不會掉下來，然後老師一聲令下，爸爸們就集體像終點衝刺，誰先跑到終點誰就是冠軍，在整個過程中，一旦孩子的雙腳離開爸爸的腳背，這個家庭就被淘汰。

5. 揪尾巴

遊戲準備

　　布條或其他材料製作的同規格的假尾巴。

遊戲玩法

　　首先由每個家庭的爸爸把一條假尾巴黏在孩子屁股上，然後把孩子抱起來，老師宣布遊戲開始後爸爸們就衝向人群去拉別家的尾巴，同時要防止自己家的尾巴被別人扯掉，尾巴被扯掉的家庭即被淘汰出局，看哪個家庭能撐到最後。

6. 兩人三腳

遊戲準備

　　綁腿用的繩子。

遊戲玩法

每個家庭由父親帶著孩子參加，老師分發一根繩子給每個家庭，爸爸與自己孩子站在一起，用這根繩子把父子兩人相鄰的腿緊緊綁在一起，確保遊戲過程中不會鬆開，老師宣布開始後，父子兩人一起向終點跑，先跑到終點的家庭勝出。

7. 推小車

遊戲玩法

推小車是個十分經典的遊戲，規則也很簡單，由爸爸抬起孩子的腿，孩子只能用雙手著地，看起來像爸爸推著孩子這輛小車一樣，遊戲開始後孩子用雙手撐地往前爬，爸爸抬著雙腿在後面跟著，先衝到終點者即為贏家。

8. 可愛的袋鼠寶寶

遊戲玩法

袋鼠寶寶是一個爬行遊戲，每家由爸爸帶著孩子參加，爸爸們聽見開始信號後就用雙手雙腳爬著衝向終點，而孩子要摟緊自己爸爸的脖子，把腿搭到爸爸腰上夾緊，確保自己在爸爸爬行過程中不掉下來。先到終點的家庭勝出。

9. 伏地挺身

遊戲玩法

　　伏地挺身的遊戲與袋鼠寶寶類似，都是孩子自己貼到爸爸身上由爸爸比賽，不同的是袋鼠寶寶貼在懷裡爸爸往前爬，而這個遊戲是孩子們趴到爸爸的背上同時爸爸們雙手撐地比賽做伏地挺身，最後哪個家庭做的伏地挺身最多哪個家庭獲勝。

10. 穿大鞋

遊戲玩法

　　這個遊戲同樣由父親帶著孩子參加。孩子們站成一排，爸爸們把鞋子脫到自己孩子身邊，然後走向場地另一邊坐成一排。孩子們也把自己的鞋子脫下來放在身邊，遊戲開始後，孩子穿上爸爸的大鞋子衝到自己爸爸身邊，脫下大鞋子讓爸爸穿上，穿上鞋子的爸爸再抱起光腳的孩子跑回孩子的起點，讓孩子穿上他們自己的小鞋。想要贏得這個遊戲，孩子與爸爸必須配合得十分默契才行。

11. 棉花球

遊戲準備

　　黑布條、棉球、玻璃珠、湯匙、碗。

遊戲玩法

爸爸帶著孩子站在散落著很多棉花球的桌子前，爸爸和孩子面前各放一個空碗和一把湯匙，孩子面前還有一個裝滿玻璃珠的碗，爸爸用黑布條把自己的眼睛蒙上。計時開始後爸爸負責把棉花球用湯匙舀到空碗裡，而孩子則把玻璃珠從一個碗中舀入另外的空碗。計時結束後將每個家庭的棉花球和玻璃珠相加，總數多者獲勝。

12. 哪吒尋寶

遊戲準備

紙團、紙簍、藍色的皺紙或者布匹。

遊戲玩法

哪吒尋寶遊戲由一家三口共同參與。主辦方先用藍色皺紙或布匹做一片海浪，把裝飾成寶貝模樣的紙團分散地鋪在海浪裡，爸爸與媽媽分別站在海浪兩邊。遊戲開始後爸爸抱著打扮成小哪吒的孩子跑到海浪邊尋寶，哪吒每找到一件寶貝就扔向對面媽媽舉著的紙簍裡，遊戲結束後哪家紙簍裡有最多的寶貝哪家就是冠軍家庭。

13. 袋鼠接力

遊戲玩法

　　每個家庭由父親帶著孩子參加，把所有參賽家庭平均分成兩組，兩組的爸爸們跑接力賽，看哪組最先完成。在比賽過程中，孩子摟緊爸爸的脖子勾住爸爸的腰，像個小袋鼠一樣緊緊貼在爸爸胸前，一旦掉落即被淘汰，而爸爸的雙手也完全不能碰到孩子。

14. 我幫爸爸穿衣服

遊戲玩法

　　孩子們在跑道起點站成一排，爸爸們把衣服脫在自己孩子身邊，然後走到跑道終點站成一排。遊戲開始後，孩子拿著衣服往終點跑，到了之後把衣服穿到爸爸身上，然後穿好了衣服的爸爸背著自己的孩子跑回起點，先完成的家庭勝出。

15. 螃蟹夾球

遊戲玩法

　　爸爸與孩子手拉手在起點站好，老師在兩雙拉著的手上放一個球，遊戲開始後雙方保持手拉手的姿勢帶著球迅速往終點衝刺，先到者為勝，球落地或者手鬆開都視為不合格。因為在這個遊戲裡每個家庭只能側身橫跑，像螃蟹一樣，所以名字叫螃蟹夾球。

16. 快樂貼貼貼

遊戲準備

　　繩子，貼畫。

遊戲玩法

　　這個遊戲由兩個家庭參加，每個家庭由父親帶著兒子出戰。兩個爸爸背靠背用繩子綁在一起，孩子們分別站在爸爸對面的固定位置上。遊戲開始後兩個爸爸互相角力用力往自己孩子身邊移動，當一方的父親靠近自己的孩子時，孩子就往爸爸臉上貼貼畫，遊戲結束後哪個爸爸的臉上貼畫最多哪個家庭就贏了。在遊戲過程中孩子的位置是固定的不可以主動往爸爸身邊移動，否則視為犯規，而且給爸爸貼貼畫只能貼在臉上，貼到其他地方無效。

17. 小飛機

遊戲玩法

　　每個家庭由爸爸帶著孩子參加，孩子臉朝下由爸爸托起胸部，手臂在兩側平舉，雙腿夾住爸爸的腰，父子兩人維持這個姿勢向終點衝刺，先到的家庭勝出。

第二章

走出迷思，
重塑父親在家庭教育中的角色形象

重塑教育理念，
擺脫四種現代家庭教育的迷思

家庭是社會的細胞，家庭教育是教育的基礎。從呱呱墜地起，孩子就會無可抗拒地接受家庭教育的滲透和影響。毫不誇張地說，家庭教育比學校教育和社會教育更能影響孩子的人格。

教育問題一直是家長們十分關心的問題，每個家長都希望把自己的孩子培養成才，讓孩子贏在起跑線上。在現代社會，父母花在孩子身上的時間、精力和金錢比過去多得多，然而孩子普遍比過去嬌縱難管，這是為什麼？

據一項中科院的研究顯示，大部分家長不懂得正確的家教，有2/3的家庭存在著一些普遍性的教育迷思：代替成長、妨礙成長、控制成長、幫助成長。

1. 代替成長

　　代替成長，指孩子的成長由父母代替。無論生活與學業，父母全都一手包辦，孩子什麼都不用考慮，事事遵循父母的安排，高度依賴父母。然而一旦獨立生活，孩子頓時崩潰：不知道如何生活，如何與人溝通，如何工作，如何戀愛。一旦他們的自我意識覺醒，就會批判父母為之所做的一切，甚至為了挑戰父母而在重大的事情上胡亂選擇。

　　有位愁苦的母親去看心理醫生，因為她的兒子二十多歲了，還是讓她操碎了心。她兒子的生活可以說是一團糟，與同事關係不好，工作也沒有業績，對父母更是暴躁，與小時候的乖寶寶判若兩人。這位母親不知道這是怎麼回事，也不知道該如何應對。

　　醫生問她：「妳的孩子刷碗打破了一個碗，妳是不是從此以後就不讓他進廚房了？」母親點頭。

　　醫生又問：「妳的孩子洗衣服濺了一身水，妳是不是從此以後都不再讓他洗了？」母親又承認了。

　　醫生再問：「妳兒子與同學吵架，妳是不是跑到學校找老師解決了？」母親有點愕然，還是承認了。

　　醫生還問：「妳兒子大學畢業後，妳是不是找了關係為他安排了工作？」母親已經驚訝了。

　　最後，醫生說：「妳把所有的事都替孩子做了，孩子什麼也沒有做過，所以，孩子就什麼也不會做了。」

　　孩子的成長是一個不斷發現、探求與解決問題的自我學習過程，在這個過程裡孩子經歷的每一種情況，得到的每一種體驗和學習到的每一種解決問題的方法都將成為人生的重大財富，這個過程中無論是歡喜與悲苦，對孩子都有意義，父母只要站在一旁看著就好。一旦父母代替孩子去成長，孩子便失去了成長機會。

2. 妨礙成長

　　有些父母雖然沒有代替孩子成長，但是在孩子成長過程中還是有過很多次妨礙。也許父母本身並沒有意識到，妨礙就發生了。那麼，我們來看一下什麼樣的行為會妨礙孩子的成長。

　　一、事先把正確答案告訴孩子。孩子不需要探索與思考，只要記住標準答案，結果沒有其他的選擇，孩子失去了探索的習慣和創造性思維，危害不可謂不大。

　　二、凡事只許成功，不許失敗。為了避免失敗的可能，父母毫不吝惜從旁協助。這種行為從當時看是幫了孩子，替孩子創造了更好的條件，從長遠看卻是奪走了孩子失敗的權利，孩子長大後會無法面對挫折。

　　三、完美主義，凡事要求盡善盡美。壓力下長大的孩子精神負擔很重，而且只能選擇標準答案，沒有獨闢蹊徑的權利。

　　四、處處設限，用各種規矩與規則約束孩子。孩子的自由受到嚴格控制，性格會變得患得患失。

　　五、父母說出的話就是聖旨，容不得孩子有不同的聲音。家中沒有言論的辯駁，孩子只能無條件服從，長大以後難免沒有主見。

　　以上這些都會妨礙孩子的成長，希望家長能夠注意到這些迷思，並且做到有效避免它們的發生。

　　週末帶著孩子去公園散步，公園裡遊人如織，百花盛開，很是熱鬧。爸爸指著眼前的花朵，跟寶寶說：「寶寶，你看，這朵黃色的花好漂亮哦，它叫菊花，它的花瓣一條條的好多條，都往上彎呢。」抬頭看見風箏，爸爸趕緊叫寶寶：「寶寶你看，天上飛的那是風箏哦，那個風箏的形狀是大蜈蚣，是橘色的……」

　　爸爸急不可耐的告訴寶寶這個那個，看起來是在教寶寶認識新東西，實際上卻剝奪了寶寶自己觀察的能力，也限制了孩子的自我探索。爸爸不如耐心一點等孩子自己觀察，如果寶寶對什麼東西表現出了明顯的興趣，或者寶寶主動開口的時候，爸爸再來回應，而且要多多詢問，引導孩子自己觀察和思考。比如寶寶看花看了一會了，爸爸問：「寶寶你在看什麼呢？這是什麼顏色的？寶寶你聞聞有什麼味道嗎？」

3. 控制成長

　　現在，很多孩子上學的時候不願意上學，到了戀愛的年紀，不會找對象，甚至結婚生子後，還要賴在父母家啃老，好

像永遠也長不大。父母們對這種情況抱怨連連，卻沒有辦法改變。然而是什麼原因造成這些孩子成長遲緩呢？

有個 20 歲的少年，學測發揮失利，他本來想選擇一個普通大學去讀書，以後再尋找發展機會，但是父母堅絕不同意。父親要兒子去外地重讀，明年考個頂尖大學光宗耀祖，兒子只好照辦。但是在離家之前，兒子控制不住自己的焦慮，因為這是他第一次離家獨自生活。

此時母親說兒子自理能力不行，想要跟著兒子去陪讀。於是 20 歲的男生第一次獨立生活的腳步，又被家庭束縛住了。

上面這個案例中的可憐的孩子，未來能不能獨立，真令人擔憂。一旦這個孩子到時間沒長大，父母是不是要責備他不成器了。然而，家長們要是能想到孩子的現在，是由當初的束縛造成的，不知道他們是否願意繼續遙控孩子成長呢？

在孩子的成長過程中，父母對孩子的控制越少，孩子的自我探索空間越大，成長的速度越正常。反之，父母控制的越多，孩子在沒有自由的環境裡長大，越不容易成熟，就越會讓父母操心。

4. 幫助成長

成長不易，孩子在成長的過程中總要接受家長的幫助。但是幫助太多，就會變成孩子成長的阻礙，但是很多父母都意識不到。

有些父母對孩子過度幫助，他們簡直把自己的孩子永遠當作嬰兒對待：他們太在乎孩子吃多吃少，衣服穿多穿少；一旦孩子臉色不好，他們就沒完沒了的詢問和關心；他們擔心孩子被別人帶壞，禁止孩子與「壞孩子」的交往；他們擔心孩子的安全，阻礙孩子進行各種新的嘗試……這些父母打著「為了你好」的旗號，毫不留情地剝奪孩子的個人空間，阻止他們經歷冒險，把孩子培養成溫室裡的花朵。

這樣長大的孩子，無法承擔生活的負擔，純潔無瑕、循規蹈矩，進入社會以後簡直格格不入。同伴覺得他們太幼稚，有什麼事情都不願意讓他們參與。被排斥在外使他們感到茫然失措，無所適從，只好縮在烏龜殼裡。

社會在發展，從前的教育也已經不適合現在的社會了。家長應該與時俱進，轉變傳統的教育觀念，避免家庭教育的迷思，讓孩子健康快樂地成長。

■ 尊重與愛，別將理想強加於孩子身上

著名的教育家曾說：「不要讓孩子成為人上人，不要讓孩子成為人下人，也不要讓孩子成為人外人，要讓孩子成為人中人。」意思是說，教育孩子，目標是把他培養成一個心地平和、健康的平常人。

但是現實中，父母們習慣於望子成龍、望女成鳳，都希望自己的孩子實現自己未實現的理想，成為「人上人」。在這種心

理的操控下，父母在孩子幼時就幫孩子報了各種才藝班，唯恐孩子輸在起跑線上，孩子長大後，又幫孩子報了各種補習班，孩子考試成績稍差，便暴跳如雷。據統計，現在83.9%的父母都認為孩子需要才藝培養，而80％的父母更是希望孩子不止讀書一項才藝。

而對於父母們滿腔熱忱的付出，孩子們大多並不領情。孩子是獨立的個體，有自己的思想和喜好。父母報名的時候都覺得是為孩子好，不愛徵求或者參考孩子的意見。而孩子由於課業過重或者所學非所愛，學習起來也會非常痛苦，事倍功半，甚至激起反抗心理。曾經有個孩子因為不愛學琴，甚至威脅父母要把手砍了。

說起來，望子成龍並沒有錯，但是父母所選擇的方式十分重要。許多父母喜歡按照自己的意願支配孩子的未來，事事決定孩子的選擇，在這樣的環境下長大的孩子雖然可能學會很多技能，但往往犧牲了快樂和心理健康。

世上沒有不愛自己孩子的父母，父母們做的一切都是為了孩子擁有幸福的人生。在父母眼裡，孩子長大之後首先要事業成功，賺很多錢，才更可能擁有幸福的人生，所以小時候多吃些苦用些功都是值得的。諷刺的是，家長們一邊以孩子的幸福人生為終極目標，一邊又無視孩子的情感，扼殺孩子童年的幸福。孩子每天背負著大人的期望，淹沒在繁重而枯燥的學習中，失去了本該享受到的童年樂趣，他能健康地長大嗎？父母

對孩子過高的期望和厚重的愛未必可以獲得孩子的理解，甚至可能造成悲劇。

　　李想是家長和老師眼中的好孩子，他讀書很用功，把所有的時間都用在課業上，各科學業成績都很好。他不逛街，不追星，不打遊戲，沒有其他孩子普遍擁有的「惡習」，甚至於假期裡他都在課外補習班學習。

　　李想就像一臺讀書機器，除去吃飯、睡覺、上廁所，其他時間都在讀書。他是家長和老師的驕傲，名副其實的優等生。

　　但就是這個人人稱讚的李想，忽然有一天崩潰了，他把所有的書和學習資料全部撕碎，把象徵著驕傲的榮譽證書當成垃圾扔掉。李想的父母急忙將他送進醫院，然而診斷結果讓人不敢接受：李想患上了嚴重的心理疾病。他由於背負著家長的期望，長期壓力過大，精神緊張，心理防線在這一天崩潰了，不知道還能不能恢復。

　　這樣的悲劇並不罕見，只要這種不注重孩子感受的家庭教育還在繼續，類似的悲劇就不會停止。臺灣著名漫畫家蔡志忠先生曾講過這樣一個故事。

　　從前，有一棵小小的番茄苗，它在農夫的菜園裡快樂地生長著。

　　後來，周圍的朋友們告訴它，只要它肯努力，它可以不只是一棵小小的番茄，它可以長得很高，結的果實像西瓜一樣大，味道像香瓜一樣甜，還像蘋果一樣有營養。小番茄苗相信

了，從那以後它更加努力地吸取水分和養分，同時賣力地伸展身體以接收更多的陽光。日升月落，小番茄結果了，但是小番茄失望地發現，它的果實仍然只是小小的番茄。更糟糕的是，現在小番茄苗都不認識自己了，它逢人便說，自己是一棵蘋果樹。

蔡先生說，只要孩子快樂地做自己，健康地長大，其他都不重要。對孩子期望過高，強迫孩子追求力所不及的目標，會讓孩子感到迷失，更會戕害他們的心靈。重視孩子的課業，這點沒錯，但是父母要注重方式，比如以身作則，孩子在潛移默化中自然會受到影響，和父母一起進步。如果父母給予孩子足夠的信任、支持和鼓勵，幫助孩子健康快樂地成長，那麼孩子長大後，良好的心態和累積定可幫他勝出。

有一次和朋友一起吃飯，他跟我說他的兒子考試進步了三個名次。說起他的兒子毛毛，個子不高，成績不好，長得也不帥，但是朋友滿臉滿足地說：「越來越聰明，越來越像我。」毛毛之前成績更差，做事沒有自信，但是毛毛每次取得一個小進步，朋友都很開心地誇讚他、肯定他，慢慢地，毛毛就經常有進步了。

信任和尊重孩子，讓孩子自己選擇自己的道路，孩子更容易健康快樂地成長。

可愛的安娜是個好強的小女孩，她總是要求自己樣樣都做到最好，但是她從小不愛運動，體育是她的弱項。有一次幼稚

園舉辦運動比賽，安娜提前好幾天就緊張得坐立不安。爸爸發現了，鼓勵安娜說：「寶貝，妳已經很棒了，爸爸一直為妳感到驕傲。妳也不用事事都拿第一呀，那樣的話別的小朋友就沒有機會了。妳只要盡力了，什麼比賽成績爸爸都很高興」。在爸爸的鼓勵下，安娜雖然沒有得到冠軍，但是也取得了不錯的成績，重要的是，安娜很輕鬆，不再緊張了。看到快樂健康的女兒，安娜的爸爸也十分高興。

對孩子期望過高，將自己的理想強加給孩子，可能造成不好的後果，而一旦孩子因為壓力過大出現問題，到時候家長再後悔也於事無補。所以，家長一定要尊重孩子的意願，好好引導，給孩子一個寬鬆的成長環境，為他制定可以接受的目標，讓孩子健康快樂地成長，這比什麼都重要。

▋尊重孩子的個性，避免過多的干預

「唐宋八大家」之一柳宗元曾經寫過一篇〈種樹郭橐駝傳〉，其中有這樣一句話：「能順木之天以致其性焉爾。」意思是說：要尊重沒藝術的本性，相信它有成為參天大樹的實力。其實，教育孩子的道理也是這樣的，我們應該尊重孩子的個性發展，促進其潛能的發揮。

晴晴的媽媽從懷孕的時候就希望能生一個乖巧懂事的女兒，晴晴一生下來，眼睛大大的，頭髮黑黑的，媽媽就非常喜歡。可是，沒過多久，媽媽就發現晴晴太不像個小女孩，太難

帶了。她醒著的時候就總愛亂動。媽媽想：等到長大一點，到兩三歲就好了。誰知道晴晴越大越發淘氣，小小年紀就會搞惡作劇，而且極具冒險精神，不讓她動的東西，她偏要去摸一摸。時間一長，媽媽的耐心就所剩無幾了，有幾次都忍不住指責她：「妳說妳怎麼不能像別的小女孩一樣安靜，媽媽真後悔生了妳！」

不過，話說重了，媽媽也會後悔，有幾次媽媽都反省，晴晴也不是沒有優點，她那麼勇敢，滑直排輪和游泳都是兩次就學會了。

從上面這個案例中，我們不難看出尊重孩子的個性發展，具有以下幾點深意。

第一點，要相信孩子沒有壞個性。

由於遺傳等因素的影響，嬰兒自出生就已經具有了一定的個性，心理學也稱其為氣質。所以，我們會發現有的孩子非常安靜，而有的則喜歡哭鬧。不管孩子表現出怎樣的個性，家長都應該給予無條件的積極關心，而不要讓孩子感覺到自己的個性不好。

第二點，不要試圖改變孩子的個性。

只要相信了孩子沒有壞個性，就應該接納孩子表現出來的個性特徵，而不是總試圖按自己的希望強迫孩子改變。

第三點，尊重孩子的個性等於呵護他的自尊。

即使是年幼的兒童，在成長的過程中同樣希望得到他人的

尊重，而且這種獲得尊重的需求與生理需求是一樣強烈的。但由於受到所處年齡階段的心智發展的限制，孩子有可能並不能清晰地將這種需要表達出來，因此，家長就應該主動尊重孩子的個性。

尊重孩子的個性發展具體到家庭教育的過程中應該做到以下幾個方面。

1. 為孩子提供寬鬆的成長環境

作為與幼兒關係最密切的人，父母所提供的家庭教育不應該強行改變幼兒的個性，而應該為幼兒個性的發展提供廣闊的空間。須知道，孩子最可寶貴的便是其天性。

如今，我們的父母，在家庭教育上面的投入不可謂不大，甚至可以說嘔心瀝血。而且，幾乎每一位父母也都覺得自己非常愛孩子，現在的孩子簡直是生在蜜罐裡的。但事實真的如此嗎？有可能也不盡然。很多父母所謂的愛，實質上就是不管孩子的實際情況，而一味要求孩子根據自己設定的道路發展，對孩子的生活橫加干涉。即使是年幼的孩子，也是有自己的思想和感情的，長期被壓抑只會讓他們的個性和獨立性被磨光。

愛孩子，就應該尊重孩子，平等地對待孩子。首先，應該傾聽孩子的心聲，了解孩子的興趣和喜好；其次，應該給孩子鍛鍊和嘗試的機會，並給予需要的鼓勵和幫助；最後，應該尊重他們的個性，並進行合理的引導。

　　19 世紀末，在布拉格一戶普通的家庭中一個男孩出生了，原本男孩的父親希望將他培養成一個剛毅勇敢、寧折不屈、雷厲風行的男子漢，但事實卻令他非常失望。男孩不僅非常內向，而且也表現得十分敏感多疑，似乎周圍的一切都令他不安、讓他想要逃避。即便如此，男孩的父親依然希望盡自己所能培養他，但事與願違，男孩不僅沒有如父親所希望的 —— 成為一個標準的男子漢，反而更加懦弱和退縮，一點小事也能讓他傷心半天。

　　男孩的父親想：究竟這個孩子可以做什麼呢？元帥嗎？一點可能也沒有，軍隊那種嚴苛的環境他絕對受不了，說不定還會逃跑。從政嗎？似乎希望也不大，他根本就沒有一點從政所需要的果斷、堅毅、勇敢的特質。那麼律師嗎？律師需要跟人激烈地爭辯，他如此內向懦弱，這對他不相當於巨大的折磨嗎？醫生也不可能，他太憂疑了，不僅會害了自己，還會危及別人的生命……一番思考之後，男孩的父親非常失望，決定放棄努力，讓他「自生自滅」。

　　但任何人都想不到，就是這種內向、敏感、多思的性格，最後卻使得男孩寫出了無數偉大的文學作品。他以自己所承受的苦悶和壓抑為源泉，描述對命運、人生的深刻體驗，開創了一種全新的文學流派 —— 意識流，寫出了《審判》(*The trail*)、《變形記》(*Die Verwandlung*) 等引人深思的著作，他就是西方現代派文學的宗師和探險者卡夫卡 (Franz Kafka)。

2. 正確處理孩子成長過程中的偶發事件

　　由於孩子是有靈性和個性的，所以，家庭教育的過程充滿了不確定性。以尊重兒童個性為宗旨的家庭教育所應該追求的不是單純的知識傳授，而應該提供足夠的探索空間給孩子，並正確處理孩子成長過程中的偶發事件，從不確定中尋找契機。

　　在美國的一所鄉村小學裡，數學老師正在教孩子們關於奇數和偶數的知識。關於「兩個奇數之和有什麼特點」這個問題，大多數孩子經過驗證都發現了老師希望他們得到的結論：兩個奇數的和是偶數。

　　這時，一個叫湯姆的小男孩突然站起來說：「老師，我發現兩個奇數的和有時候還是奇數。」湯姆的話讓全班同學都覺得不可思議，老師也不理解，於是就問湯姆怎樣得出的這個結論。湯姆回答說：

　　「我爸爸是一個人，是奇數；我媽媽也是一個人，還是奇數；他們兩個結婚生下了我，我也是一個人，也是奇數啊！所以，兩個奇數的和有時候還是奇數。」

　　聽了湯姆的回答，數學老師不由自主地為他鼓起了掌，並且在下課之後，把課堂上發生的情況告訴了校長，校長也對湯姆的表現大為讚賞，特地在學校的升旗儀式上表揚了湯姆，並且把這一天定為「湯姆日」，鼓勵孩子們向湯姆學習。

　　身為孩子第一任老師，父母更應該理解孩子的行為，尊重孩子的個性，只有這樣才能「順導其意志」，實現教育的真正價值。

■「我這樣做是對的」與「我這麼做都是為你好」

如今我們的家庭當中，隨意體罰孩子的現象已經非常少見了，大部分家長已經能夠意識到體罰對孩子造成的傷害是非常巨大的。而且，有越來越多的父母也已經意識到情感冷暴力的危害。所謂「情感冷暴力」，主要指的是家長以諷刺、挖苦、打擊等方式對待孩子，讓孩子受到心靈的折磨。而除了情感冷暴力，還有一種「情感軟暴力」，也需要引起家長們的重視。

「情感軟暴力」，落實在家庭教育當中即以愛的名義操控孩子。具體的表現方式有兩種：「我這樣做是對的」和「我這麼做都是為你好」，持有這兩種思想的家長，會對孩子的學習、交友、情感等方面進行壓迫，只要孩子的意見跟自己稍有不同，便會搬出這兩座大山，希望孩子能夠體會到自己的良苦用心。為人父母，時時處處為孩子著想本沒有錯，但殊不知，這種認為「我對」、「我為你好」型的教育方式最容易讓孩子覺得壓抑和窒息。

正在讀國中一年級的東東在日記裡這樣寫道：我的媽媽非常愛我，但我最近越來越受不了她了。有時候我在房間裡看書，她每隔十分鐘左右就會進來一次，進來也不敲門，不是打掃，就是勸我認真讀書，有時候還會趁我出去的時候亂翻我的東西。有一次，她進來打掃，一邊打掃一邊唉聲嘆氣，搞得我書根本看不進去，我跟她說如果覺得累的話，就先不要打掃了。誰知道，這句話竟然引起了她一堆嘮叨，她說：「媽媽這麼

累還不都是為了你！為了讓你讀書，我跟你爸爸不捨得吃、不捨得穿，被你愁得我們頭髮都白了一片了。」平時，她最經常說的話就是：「我這麼做都是為了你好！」「等你大了，就明白我的良苦用心了！」「你還小，媽媽說的不會錯的！」

上面案例中的東東媽媽雖然是愛孩子，但卻以愛之名，行占有之實；

以愛之名，行要挾之實；以愛之名，行霸道之實。我們雖然沒有必要事事都讓孩子自己做決定，但不能以愛的名義操控孩子。我們應該尊重孩子、傾聽孩子內心的聲音，給予他智慧的愛。而所謂「智慧的愛」，最重要的一點就是家長不能把自己的意願強加到孩子身上。

在一個家長聚會裡，幾位家長正在談論自己教育孩子的方法。

一位母親說，8歲的女兒最近得了一種奇怪的病——一到週末去上英語輔導班之前她就會肚子痛。前幾次她以為女兒的腸胃出了問題，急急忙忙地帶她去醫院，結果醫生檢查完說什麼問題也沒有。而且，女兒回到家以後能吃能玩，看上去跟沒事人一樣。可是，等又到了週末要去英語輔導班之前，這種「怪病」就跟定了鬧鐘一樣又復發了，她一直想不出所以然來，直到女兒有一次放日記的抽屜忘記上鎖她才知道原因。

女兒在日記裡這樣寫道：一想到週末要去上英語輔導班我就覺得好煩啊！每個週一到週五我都要上學，放學以後就要

上書法班和繪畫班，好不容易到了週末我想休息一下、好好玩玩，媽媽還要讓我上英語輔導班，真是太累了！為了能在家休息，我現在每週都裝病，但是我的心裡也很忐忑，因為媽媽總說她是為了我好，我怕她知道了難過。

一位父親說：「妳女兒已經算好的了，為了讓我女兒將來比人家優秀，我們省吃儉用買了一架昂貴的鋼琴給她，並且幫她請了家教，每天晚上輔導她兩個小時。為了她，我和她媽媽真是費盡心血，可是誰知道，她對彈鋼琴一點興趣也沒有，不僅鋼琴沒學好，學業成績也下降了。前兩天，她還氣呼呼地對我們說，如果我們再逼她學琴，她就把鋼琴燒了！真是氣死人了！」

其實，像上面案例中這樣的情況，真正出問題的是孩子嗎？之所以出現問題，是因為這些家長在不了解孩子興趣和意願的前提下就把自己的意願強加給了孩子。他們自認為「上英語輔導班，可以讓孩子不輸在起跑線上，是為了孩子好！」「讓孩子學鋼琴，可以讓她有一技之長，這麼做是對的！」但卻恰恰沒有問孩子願不願意、接不接受，完全忽視了孩子的自主性。

透過下面這則故事，或許能給這些家長們一些啟發。

從前，英國的一位紳士請了兩個僕人照顧自己的生活。紳士的眼光很好，挑選的這兩個僕人既勤勞又盡心，不過，他們做事情的方式有些不同。

那個叫喬治的僕人很快就熟悉了主人的喜好，每次主人需

要用餐的時候，他把食物和餐具擺好，就會靜靜地候在一邊；主人外出散步的時候，他則跟主人保持適當的距離，安靜地跟在主人的後面。而那個叫林頓的僕人同樣很了解主人，他不僅知道主人的口味，還知道主人喜歡讀什麼樣的書，主人需要用餐的時候，除了食物和餐具，林頓還會把他認為主人應該讀的書也放在桌子上；而當主人想一個人散散步或者安靜地讀會書的時候，林頓也會在一旁時不時地問主人有什麼需要，或者提醒主人應該做什麼了。

時間一長，這位紳士覺得自己的生活都要完全被林頓操控了，實在不勝其煩，於是，就找理由把林頓辭退了，而可憐的林頓也不知道自己做錯了什麼。

很多父母就像案例中的林頓照顧主人那樣對待自己的孩子，時間長了，也必然會兩敗俱傷。之所以父母們會採取這種錯誤的方式對待孩子，主要存在以下幾個方面原因。

1. 不了解孩子，忽視孩子的自主性

孩子從出生就有了自主的需求，如果你觀察兒童的遊戲就會發現，幾乎每個兒童都希望在遊戲中能夠領導別人，讓別人尊重自己的意願。而進入青春期以後，孩子的自主意識會更加強烈，有時他們甚至會故意做出一些很出格的舉動以表現自己的自主性，而此時也往往正是孩子與父母衝突最多的時候。

2. 受傳統觀念的影響

在家庭教育當中，我們經常會聽到父母對孩子說這樣一句話：「我是你爸爸（媽媽），你就應該聽我的！」實際上，這句話背後反映的正是一種認為家長高高在上，孩子應該百分之百服從自己的觀念。現代道德教育理論已經提倡破除這種錯誤的家長觀念，而是要跟孩子朋友式的平等相處。

3. 認為孩子還小，什麼都不懂

父母之所以抱有「我這樣做是對的」和「我這麼做都是為你好」的觀念，就是因為他們認為孩子年齡小，什麼都不懂，還沒有能力自己做主，只有家長替他們做主，他們才能少走錯路和彎路。實際上，即使孩子的年齡小，他們也已經表現出了自己的興趣和需求，家長只有主動地了解自己的孩子，才能因勢利導，在不傷害孩子自主性和興趣點的前提下促進孩子的發展。

▌選擇愛孩子的方式：智慧還是盲目

父母對孩子的愛是本能，但更需要智慧。智慧的愛不需要為他提供過於優越的物質條件，也不需要事事替他代勞，讓他躲避在溫室裡；智慧的愛應該尊重他的個性和自主性，培養他獨立自強和堅韌不拔的品德，讓他有能力經受挫折、品嚐苦難，讓他生命的潛力得到最大限度的發揮。

1. 你的愛會讓孩子窒息嗎

　　由於獨生子女家庭越來越多，父母們便將孩子視若珍寶一般呵護，希望他能不受任何挫折和傷害，希望他能樣樣比同齡人優秀，希望自己缺失的一切都能在他身上得到補償。殊不知，有些愛卻會讓孩子覺得窒息。

(1) 以愛之名

　　心理學家曾經概括了五種「愛的表達方式」，包括「服務的行動」、「禮物的饋贈」、「精心設計的時刻」、「身體的接觸」和「肯定的言辭」。在我們向他人表達愛的時候，這幾種方式可以單獨使用，也可以混合使用。

　　就家長對待子女而言，明智的家長應該提早發現孩子能夠接受的「愛的表達方式」，而不會造成一方面父母努力地付出，另一方面孩子卻覺得窒息的尷尬局面。

　　有一個男孩，從小生活環境一直十分優越。雖然小學、中學他就讀的都是明星學校，但卻幾乎不需要他費什麼力氣，因為，只要他考不上的話，家裡就會花錢或託關係讓他就讀。高中的時候，他就讀的也是當地最好的學校，不過學測的時候他卻失利了，最後只能進入一所普通的專科學校就讀。巨大的落差讓他難以承受，他看不起學校裡這些整天只知道窩在宿舍裡打遊戲的同學，但他也沒有勇氣退學重讀。

　　讀到第二年的時候，他已經出現了明顯的憂鬱症狀。去接

受心理諮商的時候，他說，他特別恨他的父母，是他們總是拿錢讓他進好學校，他才一直沒有機會努力讀書。

(2) 對孩子的愛也有盲目的嗎

雖然幾乎所有父母都毫無疑問的是愛孩子的，但這種愛也可以分為兩種：智慧的愛和盲目的愛。根據教育學家的調查，華人家長當中超過 93.5% 的家長對孩子的愛都是存在問題的。

其中，盲目的愛的一種表現就是將自己的意願強加給孩子，孩子的穿衣、吃飯、讀書、交友等大小事情通通都要過問。孩子一出生，就幫他把一生都規劃好。而另一種盲目的愛的表現是竭盡所能地溺愛孩子，無論物質、金錢，還是情感，不管孩子能不能接受、需不需要，就一股腦地壓給孩子。

上面的家長往往會被自己這種「無私的愛」的精神感動，覺得自己把一切都給了孩子，孩子理應感恩戴德。但實際上，這種盲目的愛卻恰恰是自私的，孩子不僅有可能不感恩，還容易責怪父母，甚至心生怨恨。

(3) 溺愛是一種軟暴力

在澳洲有一所體育學校，學校為了培養孩子們堅強的意志和強健的體魄，即使在非常寒冷的時候，也會要求孩子們在上課和放學時穿短袖。於是，就經常可以看到一群穿著短袖的孩子抱著厚外套和書包，但旁邊的家長雙手空空也不幫忙。

以上這種教養孩子的方式，我們可以稱之為「粗養」，這樣的方式如果放在亞洲恐怕會受人詬病，覺得家長不愛孩子、不體貼和照顧孩子。實際上，這種給孩子接受挫折和品嘗苦難的機會、不凡是替孩子大包大攬、不刻意為孩子製造舒適的環境的「粗養」，更有利於培養孩子的生命力，有利於其長遠的發展。而亞洲的家長所擅長的溺愛孩子的方式，本質上並不是愛，而是一種軟暴力。

2. 智慧的愛是怎樣的

由於每一個孩子都是特別的，所以對孩子的愛不需要千篇一律，只要遵循基本的原則和規律，立足於孩子的自身情況，便能給予孩子智慧的愛。

(1) 別阻擋孩子自立

各地的中學和大學旁邊往往有很多房子出租，其中的大部分租客就是一些陪讀的家長。「陪讀」應該是華人特有的現象，出現這種現象的主要原因就是：家長們擔心孩子無法照顧自己的生活起居或者掌控不好自己容易誤入歧途，於是，家長們便排除萬難前來為孩子服務和監督其成長。幾年前，甚至有這樣一篇新聞報導：一個在外地上學的孩子因為想吃母親做的餛飩，於是母親不遠萬里坐飛機去送給孩子。

有一個叫倩倩的女孩，讀大學之前絕對算「嬌生慣養」，

高中的時候因為住校，倩倩的媽媽甚至每天按時去學校幫女兒洗頭髮。進入大學以後，倩倩的媽媽仍然想陪著倩倩，但倩倩覺得自己已經是成年人了，應該自立，於是就拒絕了母親。後來，透過鍛鍊，她不僅完全可以照料自己的生活，甚至連一般女孩子覺得困難的修腳踏車她都能很快搞定。

(2) 愛孩子的明智做法

一、讓他成為德智體美全面發展的人。

當下的很多父母對孩子的培養經常僅僅限於「智」，有的家長也會兼顧「體」，但「德」和「美」卻是家長們最容易忽視的方面。其實，要想讓孩子在激烈的競爭當中生存，光有「智」是遠遠不夠的，更應該著重培養其健全的人格和高尚的品德。

二、讓他經歷挫折和磨難。

某演員在兒子小時候特別寵愛他。兒子喜歡打遊戲，他就陪兒子在遊戲廳待到兒子打夠為止；兒子喜歡游泳，但是身體較弱，一次游的時間不能太長，但為了讓兒子高興，他每次都瞞著妻子帶兒子游泳，結果兒子的身體越來越弱，甚至小小年紀就離不開各種中藥。演員心疼之餘，也開始反思自己，意識到溺愛兒子對他有害無益，便狠心將只有 9 歲的兒子送到了國外。沒想到幾年之後，兒子的身體變得十分強壯，而且自理能力也非常強。

三、為他們樹立良好的榜樣。

剛出生的孩子就像一張白紙，而父母就像一個染缸一樣，

容易讓孩子染上各種色彩。父母身為孩子的第一任老師，應該首先為他們樹立良好的榜樣，在他們身上塗上濃重的幾筆，為他們多彩的人生奠定良好的基礎。

3. 你會愛孩子嗎

教師在走上教育職位之前，需要了解相關的知識、接受正規的訓練，走上教育職位之後，還要不斷地總結經驗，吸取教訓。身為孩子的第一任老師，父母也應該學會進行正確的家庭教育的方法。

(1) 用愛的目光注視他

對年幼的孩子來說，他們的心靈是十分敏感而脆弱的。如果父母注視他的眼光裡滿是挑剔和不滿，他會覺得痛苦和不安；而如果用愛的眼光注視他，他就會給你積極的回應。

(2)「421」家庭愛孩子的藝術

飯菜已經擺上桌，大家也已經在餐桌旁坐好了，但南南還在一邊玩遊戲。爸爸催促再三，南南還沒有反應之後，爸爸生氣地說：「你就玩玩具吧，今天的晚飯你別吃了！餓死你正好……」誰知道話還沒說完，奶奶就端著飯菜到南南旁邊了，一邊餵南南一邊說：「別怕，奶奶餵你，誰敢餓壞我的乖孫子，看我饒不了他。」

上面案例中的家庭便是在亞洲非常普遍的家庭──「421」

家庭，即4個老人家、一對父母和一個孩子的家庭。在這樣的家庭當中，孩子就像寶貝一樣被大家呵護，幾乎是「衣來伸手飯來張口」，沒有一點鍛鍊的機會。

而且如果父母想對孩子嚴厲一點的話，老人家就會橫在中間祖護，彼此之間的教養方式難以達成共識。

對這樣的家庭對待孩子的方式，筆者有以下幾點建議。

一、與孩子之間平等相處，但不放任孩子。

二、對孩子合理的需求進行適度地滿足。

三、家長之間注意溝通，形成統一的教養方式。

四、大人切勿在孩子面前「爭寵」。

五、家長不可以用物質收買孩子。

拓展遊戲，情感溝通：
讓父親的角色回歸家庭教育

*1.*0至1歲，和寶寶建立親密關係

1歲以內的嬰兒時期，是爸爸與孩子建立親密的父子關係的重要時期。

這個時候孩子的身體與精神飛速成長，對外界的刺激十分敏感。一個成功的父親在這個時期應當盡可能多地陪在寶寶身邊，與他玩耍，給他依靠，讓寶寶充分感知到你帶給他的快樂滿足和無可替代的安全感。

(1) 特殊的按摩

遊戲玩法

肌膚間的親暱可以讓寶寶更加愛你。爸爸可以經常用下巴或者臉頰剛蹭寶寶柔嫩的小臉蛋、小胸脯和小手、小腳丫，在進行這種特殊的按摩的同時，爸爸也不要忘了繼續溫柔的和寶寶說話。

寶寶的收獲

爸爸的鬍子扎在臉上刺刺的癢癢的，好新奇呀！

爸爸的收獲

寶寶的皮膚真嬌嫩，看著就想蹭，看他被鬍子扎到的樣子真可愛。

遊戲小叮嚀

隨時隨地都可以玩的遊戲，寶寶生下來就可以玩。

(2) 蒙頭「怪物」

遊戲玩法

爸爸在寶寶身邊叫寶寶名字，寶寶看過來的時候，爸爸突然拿被單蒙住腦袋，然後掀開和寶寶逗笑，一會再蒙住腦袋，再掀開和寶寶玩。

寶寶躺在床上。爸爸一邊叫著寶寶的名字，引起寶寶的注意，一邊靠近寶寶。在寶寶看著爸爸的時候，爸爸用被單蒙住

腦袋，和寶寶逗笑。

寶寶的收獲

爸爸太有意思了，跟爸爸玩真開心。

爸爸的收獲

剛開始的寶寶很好奇的樣子，一會就被我逗得大笑，我覺得他很愛跟我這樣玩，我也很開心。

遊戲小叮嚀

適合 2 個月以上，眼睛可以看清事物的寶寶玩。

(3) 大肚子「青蛙」

遊戲玩法

爸爸仰面躺下，把寶寶趴放在自己肚子上，用力做深呼吸，像青蛙一樣肚子一起一伏，使寶寶被動跟著浮動。

寶寶的收獲

爸爸的肚肚好神奇啊，一上一下的真好玩。

爸爸的收獲

寶寶好開心，我也得到了運動，一舉兩得啊！

遊戲小叮嚀

適合 4 個月以上，能趴著抬頭的寶寶玩。

2. 適合 1 至 2 歲寶寶的父子遊戲

寶寶 1 歲多，已經開始蹣跚學步，是不是更好玩了？時間流逝，寶寶長得飛快，幾乎一天一個樣子，而且隨著運動量的增加，小傢伙已經不滿足於跟媽媽溫柔的互動了。每天下班回到家，小傢伙都會扭著小身子過來找爸爸玩，甚至揪著爸爸的衣服不肯放手，這麼有愛的舉動，爸爸哪裡拒絕得了呢。陪孩子玩耍的爸爸，何時都不覺得累！

(1) 盪鞦韆

遊戲玩法

爸爸兩手抓住寶寶的腋下，從背後輕輕把他舉起來，然後往後晃過去，再往前舉起來，循環往復，像盪鞦韆一樣。還可以一邊搖晃，一邊數數給寶寶聽，一下，兩下⋯⋯

寶寶的收穫

爸爸真強壯啊，在爸爸身上就可以盪鞦韆了，爸爸一定是超人！

爸爸的收穫

手臂有點酸，可是寶寶好開心啊。以後得經常玩，讓別人讚賞的眼光落在肱二頭肌先生身上。

（2）攔路虎

遊戲玩法

寶寶走路的時候，爸爸突然擋在寶寶面前，寶寶繞路走，爸爸再擋過去，而且，爸爸隨時可以把寶寶抱起來，扎扎小臉再放行。有的時候爸爸也要裝作反應不及，被寶寶衝了過去，大家有輸有贏，遊戲才更好玩。

寶寶的收獲

咦，爸爸為什麼擋了我的路？哈哈，爸爸沒擋住哦！跟爸爸玩，總是那麼開心。

爸爸的收獲

寶寶跌跌撞撞的樣子和開心大笑的樣子真是怎麼也看不夠。

（3）蹺蹺板

遊戲玩法

爸爸在椅子上坐好，把寶寶面向自己放在小腿上，然後保持兩腿伸直的姿勢將腿緩緩向上抬起，在慢慢落下，再抬起，向蹺蹺板一樣上下帶著寶寶運動。

寶寶的收獲

有肉墊有溫度的蹺蹺板，是專屬於我的哦！

爸爸的收獲

運動量更大了，嗨，腹肌先生，你看見我家寶寶高興的樣子了麼，是不是很讚，想要經常看的話你得再強壯一點。

(4) 坐飛機

遊戲玩法

爸爸把寶寶舉起來，讓他騎到自己肩膀上，抓住寶寶的手幫他坐穩，然後前後左右輕輕跑動幾步，一邊跟寶寶說飛機起飛了，寶寶坐穩了，玩完了慢慢蹲下來，跟寶寶說飛機降落了，寶寶離開吧，一邊把寶寶抱下來。

寶寶的收獲

飛機好高哦，在飛機上看得真遠啊，飛機座椅真舒服啊，跟爸爸玩總是不缺驚喜！

爸爸的收獲

馱著寶寶就像馱著整個世界，我怎麼那麼愛你。

爸爸通常是一個家庭的脊梁，在家庭中扮演保護者的角色，孩子在與爸爸相處的過程中，潛移默化地生成了堅強勇敢、獨立自主等父親身上的特質。而且，與女性角色偏於控制和溺愛的陪伴不同，父親在陪伴孩子的過程中更多地表現了平等寬容的姿態，給孩子更多的自主選擇和思考空間，這樣孩子在與別人交往的時候，對人寬容平和，對己自信果敢，因而更受歡迎。

有些爸爸推託工作忙，沒有給予孩子慷慨的陪伴，其根本原因是這些爸爸沒有意識到跟孩子玩耍是多麼幸福的情趣，而是把陪伴孩子當成了負擔和責任。其實只要擺正心態，放鬆心情，哪怕上班之前和下班之後的零星時間裡時常親親、抱抱孩子，隨意玩耍一會，享受到了其中的樂趣，就不會覺得沒有時間和精力了。

3. 適合 2 至 3 歲寶寶的父子遊戲

到了 2 歲以後，寶寶的身體更加結實，精力旺盛，從早到晚只要睜著眼睛就不閒著，並且開始有了自己的想法和性格。這個時候再跟寶寶像從前那般玩，爸爸們可能有些吃不消了，不僅身體累，精神上也更加需要用腦才能滿足寶寶隨身心成長的胃口。儘管如此，爸爸們還是可以發現更多的樂趣，因為遊戲的時候，寶寶會給你更多的互動和回饋，而且寶寶腦子裡很多新奇古怪的想法也讓爸爸們欲罷不能。所以對於這個時期的孩子，爸爸們要調整跟寶寶的相處，跟寶寶玩更適合這個時期的遊戲了。

遊戲小叮嚀

如果爸爸體力充沛，可以玩什麼？

爸爸體力充沛、精神十足的時候，可以和寶寶玩運動量大的遊戲，比如枕頭大戰、沙發跳跳床和無尾熊遊戲。

(1) 枕頭大戰

遊戲玩法

　　這是個父子兩人在床上玩的遊戲，起床後玩最合適不過了。爸爸與寶寶各拿一個鬆軟舒適的枕頭，爸爸把枕頭放在肚子上站好，寶寶把枕頭頂在頭上向爸爸的肚子狠狠地衝過來，看看能不能將爸爸衝倒。如果爸爸沒倒，寶寶再退回去發動再一次衝鋒。當然，遊戲的時候還是互有輸贏才更有意思，爸爸適時讓寶寶贏兩次，寶寶會更願意玩。

寶寶的收獲

　　我真的長大了，連爸爸都能衝倒了，我是小超人嘍。

爸爸的收獲

　　跟寶寶怎麼都玩不夠，寶寶又強壯又開心，我也好高興。

(2) 沙發跳跳床

遊戲玩法

　　爸爸雙手扶著寶寶腋下，讓寶寶面對自己站在沙發上，然後把寶寶高高舉起來再輕輕放下，放下的時候讓寶寶雙腿彎曲下蹲，舉起來時讓寶寶蹬直雙腿，這樣一上一下借助沙發的彈性玩跳跳床遊戲，玩累了直接在沙發上休息。

寶寶的收獲

　　原來家裡也能玩跳跳床啊，爸爸是魔術師哦！

爸爸的收獲

肱二頭肌先生長進了，更進一步就更好了。

(3) 像無尾熊一樣

遊戲玩法

爸爸站好不動，寶寶面對爸爸坐在爸爸的一隻腳背上，雙手摟緊爸爸的大腿，雙腿纏住爸爸的小腿，把自己箍在爸爸身上，之後爸爸就帶著這個甩不掉的小無尾熊走來走去。玩一會還可以讓寶寶抱另一條腿繼續玩。

寶寶的收獲

爸爸的腿好粗壯，抱起來感覺到滿滿的力量。

爸爸的收獲

現在輪到股四頭肌先生了，跟寶寶玩耍全身都能得到鍛鍊啊，看到寶寶的笑臉和對我的依賴，感覺人生有了更多的意義。

遊戲小叮嚀

和越來越大的寶寶玩耍，需要投入越來越多的精力與體力，有的時候爸爸會感覺力不從心，但是面對著寶寶滿滿的期待又不忍拒絕，這個時候就需要玩些新的遊戲，新遊戲必須同時兼顧到爸爸的體力與寶寶的興趣，既不讓寶寶掃興，又不使爸爸太累，比如下面介紹的投籃遊戲。

(4) 比賽投籃

遊戲玩法

　　事先準備一個圓形無底的容器，固定在門或者牆面上比寶寶高一截的位置上充當籃球框，再用報紙團些紙團或者把襪子捲成一團充當籃球，爸爸與寶寶站在離籃框一定距離的界線之外往「籃框」裡投擲「籃球」。誰的命中率高誰贏。

寶寶的收獲

　　家裡又有籃球場了，我是運動健將哦。

爸爸的收獲

　　輕輕鬆鬆就可以與寶寶愉快地玩耍，而且寶寶投籃時專注的樣子，看起來魅力四射。

4. 適合 3 至 6 歲寶寶的父子遊戲

　　寶寶 3 歲了，精力還是那麼旺盛，體力變得更強，說話做事也開始思考的更多。寶寶想要更強烈更刺激的遊戲了，爸爸必須承擔這個責任，溫柔小心的媽媽可滿足不了孩子的願望。

(1) 轉椅子

寫給爸爸

　　在轉椅子這個遊戲裡，爸爸不需要太多體力，而這個遊戲的快速刺激又能滿足寶寶的需求，鍛鍊寶寶的平衡感。遊戲所

需的條件也非常簡單，一把輕鬆轉動的轉椅就夠了。

爸爸體力★

遊戲玩法

爸爸先坐在轉椅上轉兩圈試試，確保轉椅靈活而且轉動過程中不會磕碰到其他東西，準備完成之後雙手伸到寶寶腋下，面對面把寶寶舉起來站到自己的大腿上，扶穩寶寶，轉動座椅，可以轉的很快，也可以轉得一會快一會慢，或者轉幾圈突然扭轉方向，只要爸爸和寶寶都開心就行。

（2）翻跟斗

寫給爸爸

翻跟斗對寶寶來說比轉椅更加刺激，對寶寶的平衡感要求更強，這個遊戲使爸爸與寶寶有更多的身體接觸，增加父子感情，而且不需要其他器具，在床上就很適合。

爸爸體力★★

遊戲玩法

爸爸平躺在床上或地毯上，孩子的臉趴在爸爸小肚子上，身體貼在爸爸腿上，爸爸雙腿上抬，雙腳猛然往上一蹬，寶寶就在被爸爸掀到空中翻了一個跟斗落下來，爸爸雙手把寶寶接住，寶寶哈哈大笑。如果爸爸體力允許，還可以加快速度，讓寶寶覺得更加刺激。

(3) 登山

寫給爸爸

爬山是個運動量較大的活動，在家裡，高大的爸爸就像一座山，如果把爸爸的身體當作高山來攀爬，寶寶能爬到多高呢，能不能爬到山頂？

玩這個遊戲的時候，爸爸可一定得站穩了，還得穿身結實的衣服才行。

爸爸體力★★★

遊戲玩法

爸爸稍微彎一下膝蓋站好，跟寶寶說可以爬山了。寶寶手腳並用，踩著爸爸的腳背抱著爸爸的大腿往腰背上攀爬，最後寶寶的手臂摟住爸爸的脖子就算登頂了。遊戲過程中爸爸可以時不時地抖動一下身體轉個圈圈，給寶寶增加難度。

(4) 盪鞦韆

寫給爸爸

在這個遊戲裡爸爸、媽媽都要參與進來了，這樣玩起來十分方便，只要是一家人一起散步時就能玩。只是這個遊戲又要麻煩肱二頭肌先生了，如果媽媽的力氣不夠，也可以雙手一起來。

爸爸體力★★★★

遊戲玩法

一家人手拉手並列成一排走路，寶寶走在家長中間。爸爸、媽媽同時用手臂向上使力，把寶寶提起來，同時隨著走路節奏，爸爸、媽媽一起將寶寶往前後擺動。寶寶雙腿微蜷懸在空中，隨著爸爸、媽媽的走動身體被前後擺，像盪鞦韆一樣。

(5) 大轉輪

寫給爸爸

大轉輪遊戲對爸爸的體力要求更高，也需要一個相對空曠的場地，而且玩的久了爸爸也會頭暈，所以儘管刺激，這個遊戲還是玩的時間短一點比較好。

爸爸體力★★★★★

遊戲玩法

在空曠的場地，比如空房間或者草坪，爸爸和寶寶面對面手拉手站好，然後爸爸迅速在原地轉圈，同時把孩子舉起來，孩子就像小衛星一樣在爸爸周圍自動地公轉了。如果爸爸轉得夠快，那孩子的公轉圍著爸爸的自轉就變成慣性下的運動了，爸爸只要拉緊寶寶不讓他飛出去就好了。

註：「★」的多少代表爸爸體力的多寡。

尊重是溝通的關鍵，
放低身段與孩子平等交流

在現代家庭教育中，日常的親子對話通常是家長一直在做主導。無論是向孩子傳授生活道理，還是輔導孩子學習功課，大多數家長都是自己在一邊滔滔不絕、自說自話，而實際上孩子並沒有從中汲取到太多的知識和經驗。顯然，這樣的親子溝通並沒有多大的成效。

在《爸爸去哪兒》的節目中，林志穎與兒子的溝通方式受到許多年輕家長的歡迎。事實上，臺灣的家庭教育較注重親子間的互動溝通，教育觀念也比中國更為精細。林志穎每次在跟兒子 Kimi（人名）講話時，都會蹲下身子平視兒子，讓 Kimi 與自己處於一個平等對話的地位。儘管這只是一個小小的細節，但這卻展現出了父親對兒子的尊重。身為父親，只有尊重孩子，才能真正走進孩子的內心，與孩子實現心靈對話。

然而，在普遍的家庭教育環境中，孩子似乎並沒有感受到這種平等與尊重的溝通氛圍。相反地，家長制、一言堂風氣盛行於許多家庭中。在這些專制型家庭裡，父親是絕對的權威，

是獨裁統治者，他們要求孩子絕對服從自己的意志和想法，時常以命令式的口吻約束孩子的言行、限制孩子的自由、否定孩子的想法。孩子長期生活在這樣的環境中，變得更加沉默、懦弱、缺乏主見，甚至變得叛逆，最終導致一些難以預料的家庭悲劇……

對於孩子來說，他們渴望得到父親的關心和重視。而父親如果能給予孩子更多的尊重和信任，孩子往往就會釋放出更多的潛能。從另一個方面來說，父親是孩子最好的榜樣，父親在家庭中的形象對孩子的成長產生直接的影響。你以怎樣的態度與孩子溝通，孩子就會以怎樣的態度與他人溝通。而不被尊重的孩子也往往很難學會尊重他人。

因此，父親在與孩子進行交流和溝通時，應該關心孩子的內心世界，學會尊重和信任孩子，並且要讓孩子知道你是愛他的，這樣才有利於增進父親與孩子之間的情感，真正地實現心靈溝通。

場景一：婷婷媽與孩子溝通的態度

一天婷婷放學回家後，對爸爸說：「爸爸，我明天不想上學了。」

婷婷爸正在看一則有趣的新聞，並沒有注意到婷婷說的話，只是簡單地答應了一句。

婷婷看到爸爸的態度之後，低下頭情緒低落地走進了自己的房間，並重重地關上了房間的門。這時婷婷爸才意識到女兒

情緒似乎不太對，於是趕忙跑到婷婷的房間去詢問情況。

婷婷委屈地說道：「今天張老師當著同學們的面罵我了。」

「是不是妳今天做錯什麼事了？」在廚房做飯的婷婷媽聽到婷婷的話之後跑出來問婷婷。

「不是我的錯，是老師的錯。」婷婷這樣衝婷婷媽喊道。

「那妳說說老師怎麼錯了？」婷婷媽生氣地說。

婷婷爸看到女兒與妻子之間即將爆發一場大戰，趕緊將妻子勸回廚房做飯，並且跟婷婷媽說：「婷婷就交給我好了，妳不用管了。」

「你就光知道慣著她。」婷婷聽到後悄悄地在背後吐舌頭，表達自己對媽媽的抗議。

場景二：婷婷爸與孩子溝通的態度

「婷婷，妳跟爸爸說說，到底是怎麼回事？」婷婷爸輕柔地問道。

「如果我說了，你會不會跟老師一樣不講道理。」婷婷猶豫道。

「當然不會啦，爸爸是永遠支持妳的。」

「今天上課的時候，我看見前面同學身上有一隻小蟲子，於是我就站起來幫她把蟲子拿掉，而張老師卻說我故意擾亂課堂秩序，還當場罵了我。」婷婷委屈地說。

說完後，婷婷認真地看著婷婷爸，似乎想從爸爸這裡獲得信任。

「寶貝，爸爸非常清楚妳現在的感覺，因為爸爸上學的時候

也被老師冤枉過，有一次考試的時候，爸爸向同學借橡皮擦，老師卻認為我在作弊，就因為這個我那堂課被打了零分，我也失去了『好學生』的稱號。」

「真的嗎？爸爸，您也遇到過這樣的事情啊？」

之後，婷婷爸與婷婷進行了更加深入地交流，婷婷認為有人能夠理解她，也更加願意向爸爸傾訴自己的感受。

最後婷婷爸說：「妳以後再做這樣的事情的時候，先跟老師說一聲，這樣老師就不會誤會妳了。」婷婷終於高興地點了點頭。

從上面的案例就可以看出，婷婷爸與婷婷媽在與婷婷進行溝通的時候採用了不同的態度，婷婷媽一開始沒有給予孩子信任，首先將老師對孩子的批評歸咎為孩子犯了錯；但是婷婷爸採取了一種截然相反的態度，首先給予了孩子尊重，引導孩子清楚地敘述具體的事件，在孩子感到委屈時，婷婷爸又主動講述自己小時候被誤會的事，引起婷婷的興趣，與孩子進行了更深入地溝通，在談話中幫助孩子解決了問題。

兩者比較的話，肯定是婷婷爸的溝通方式更能得到孩子的認可，因此，要與孩子進行有效地溝通，真正了解孩子的內心世界，就要學會尊重孩子。那麼應該如何做到這一點呢？筆者為此總結了以下幾點。

1. 學會傾聽

　　要做到在溝通中尊重孩子，首先要學會傾聽孩子的心裡話，只有了解了孩子的內心世界，知道他們真正想什麼，在意什麼，有什麼需求，你的溝通才會有效，才能給予孩子真正的幫助和關心。當孩子與你一起分享一些高興的事情的時候，你應該表現出很開心的樣子。比如孩子在學校裡受到老師表揚，回來之後興高采烈地跟你分享快樂，你可以這樣說：「嗯，寶貝真棒，爸爸也替你感到高興。」

　　當孩子與你分享的話題你不感興趣時，你也不要不耐煩，要耐著性子，表示你正在注意他的談話內容，可以時不時用一些詞彙，比如說「是嗎」、「嗯」、「然後呢」等，說明你正在認真傾聽，也能夠使孩子更有傾訴欲望，有時可能會讓你收到意想不到的效果。

2. 創造和諧的溝通氛圍

　　和諧的溝通氛圍更能激起孩子的溝通欲望。因此在與孩子進行溝通的時候要選擇一個最佳的溝通環境，這本身也是對孩子的一種尊重。可以在與孩子一起散步、聽音樂會、參觀畫展、去逛街的時候，與孩子進行溝通，可以將路上的一輛車、一棵樹、路人的穿著打扮、一段音樂、一幅畫作為談話的素材，進入孩子的內心世界，了解孩子的真實想法，傳授給孩子一些人生道理和經驗，幫助孩子解決實際問題。

3. 尊重孩子的話語權，鼓勵孩子發表意見

在與孩子溝通的過程中，要尊重孩子充分的話語權，鼓勵孩子發表自己的意見。不管孩子在說什麼，你都要認真地聽他把話說完。有時候經常會出現這種情況，孩子在外面受了委屈，回到家裡向父母傾訴，想要得到父母的信任，但是許多父母還沒聽完孩子的話就誤認為是孩子的錯，並向孩子大發脾氣，結果使孩子更加委屈。因此，父母首先應該給孩子一個說話的機會，切記在沒完全了解事情真相的情況下就亂發脾氣。

如果你們在討論一些家事，不妨也讓孩子參與其中，雖然他的意見可能沒有多大的作用，但是讓孩子感受到自己在家庭中的重要性，感受到自己被尊重，他們也會學會尊重長輩。

4. 保護孩子的隱私

有時候家長之間或者家長與老師之間進行談話的時候經常會提到孩子的缺點，比如說「今天遭到老師責備了」、「昨天晚上尿床了」這樣的話，雖然父母這樣說可能覺得沒什麼，但是要知道孩子也是有自尊心的，有些孩子聽到這樣的話會覺得不好意思，有的甚至會產生怨恨的情緒。如果讓孩子感覺到你這是對他的一種不尊重，他就會自動啟動保護機制，你與他溝通就會變得越來越難了。

因此家長要學會尊重孩子，保護他們的隱私。這樣孩子才會把你當作真心朋友，你與孩子才會進行更有效的溝通。

5. 多讚美，少責備

不知道身為家長的你有沒有意識到這樣一個問題，你有時候就是隨口說出來的一句話，也會對孩子幼小的心靈產生重要的影響。「你怎麼越大越不聽話了？」「你看人家×××？」「我告訴你，你最好趕緊……」諸如此類的話不勝枚舉，這樣的話不僅沒有對孩子起到良好的教育作用，反而使孩子產生了反抗心理。

但是對孩子進行一些恰到好處的讚美和欣賞就不一樣了，你的讚美和欣賞就是對孩子的一種認可，不僅展現了對孩子的一種尊重，而且還會增強孩子的自信，促進家長與孩子之間的溝通。因此家長要學會了解、欣賞、讚美、認可孩子。

總之，在與孩子進行溝通的時候，首先應該學會尊重他們，讓孩子知道自己與父母處在同一個溝通地位，這樣他們才願意與你做朋友，實現兩代人真正意義上的溝通。

▌給予鼓勵與支持，站在孩子的立場進行溝通

心理學研究顯示，當孩子處在 0 到 3 歲的階段時，需要的是無條件的接納和足夠的安全感，這些需求母親可以滿足；但

是當孩子長到 4 歲以後，在幫助孩子樹立自信心，獲得成長等方面，父親發揮的作用要遠遠勝過母親。

通常情況下，父親對待孩子的教育方式和態度會與母親截然不同。母親更多的可能會是去關愛和保護孩子，幫助孩子遠離危險的事物。而父親就不一樣了，他們會帶著孩子去冒險、去探索、去嘗試一些以前從未做過的事情。這樣，孩子在與父親冒險、探索、玩遊戲的同時，不僅學會了解決問題的方法，而且增強了自信心，提高了自我認同感。

而且，當孩子與父親在一起的時候，孩子會更有安全感，在人際關係中也能與他人友好相處，真誠坦率。一般來說，經常與父親待在一起的孩子社交能力和對環境的適應能力都比較強。因此，父親要經常鼓勵和支持孩子，站在孩子的立場上進行溝通，幫助他們慢慢成長為一個小小的「男子漢」。

孩子的成長是一個漫長的過程，在這個過程中，孩子可能會取得成功，也可能會遭遇失敗，甚至也會產生一些不切實際的幻想。孩子在遇到困難和挫折時，其實更需要爸爸的鼓勵和支持。因此，這個時候，父親千萬不要潑冷水，而是要學會站在孩子的立場和角度與之溝通，為孩子加油打氣，有效調節孩子的情緒和心理狀態。

有一天，鵬鵬一臉喜悅地回到家裡，衝著爸爸喊道：「爸爸，我們今天考數學了。」

「哦，是嗎，這次考了多少分？」

「82 分，比上次進步了 10 分呢。」鵬鵬得意地說道。

「嗯，是比上次進步了。對了，你知道鄰居家洋洋考了多少分嗎？」

「好像是 90 幾分。」鵬鵬有點不高興地回答。

但是爸爸似乎沒有察覺到孩子的情緒，只是接著說：「你怎麼經常不如人家，你平時用心點行嗎？」

「你憑什麼說我不用心，我這次數學考試比上次提高了 10 分，連老師都說我進步很大，但你總是不滿意。」鵬鵬生氣地說道。

「我這麼說不是為你好嗎？你怎麼這麼不懂事。你看看人家洋洋，每次都考得比你好，你也不知道自己爭點氣。」

「我怎麼不爭氣了？你是不是覺得我考得不如人家好就讓你丟人了？人家那麼好，你乾脆給人家當爸爸好了。」說完氣沖沖地跑回自己的房間，「砰」的一聲關上了門。

其實類似的情況很多爸爸都碰到過，前一秒兩人還在很正常的對話，結果後一秒就因為某一件小事吵了起來。遇到這樣的情況，很多爸爸都在思考，為什麼孩子這麼不理解父親的苦心呢？為什麼與孩子溝通就這麼難呢？要說這是孩子的問題嗎？當然不是。

父親要與孩子進行良好的溝通，學會換位思考很重要，要多鼓勵和支持孩子，多站在他們的角度去思考問題。站在孩子的立場上進行溝通，能夠真正走進孩子的內心，理解他們的心理感受，了解他們的所思、所想，這樣才能讓溝通變得更加流暢和有效。

　　比如在前面的情境中，當父親在聽到兒子「爸爸，我們今天考數學了」的時候，結合兒子那樣興奮的表情，就可以這樣對兒子說：「是嗎，讓爸爸猜猜，你這次考得一定比上次好，是不是？」這時候孩子就會很自豪地告訴你「82 分，比上次進步了10 分呢」。然後爸爸應該說：「進步 10 分呢，太厲害啦，我就說嘛你很有潛力，爸爸相信你下次還會有進步的。」

　　這樣孩子聽到父親的鼓勵後一定會很高興，那麼父親就可以與孩子進行更深入地溝通了，比如說，告訴孩子就算取得進步也不能驕傲自滿，要學會謙虛，還要向其他優秀的同學學習。

　　當孩子取得進步時，父親一定要學會與孩子一起分享快樂，給予孩子一定的鼓勵和表揚，讓孩子在快樂中收獲自信。這樣不僅可以使父親與孩子之間的關係更加密切，而且還能鼓勵孩子更加努力地學習。

　　當孩子遇到困難和挫折的時候，要及時給予支持和安慰，而不是數落孩子，這樣才能幫孩子重新建立自信。當孩子情緒不高時，不要埋怨和嘮叨，要注意引導孩子主動傾訴煩惱和痛苦，幫助孩子解決成長道路上的難題。如果父親經常這樣做，孩子就會從心裡接受你，會把你當作朋友和夥伴，會主動與你溝通，認真聽取你的建議。

　　鼓勵和支持孩子，站在孩子的立場上進行溝通，是進行有效溝通的一種重要方法。不僅能夠減少父親與孩子之間的猜疑，消除對話過程中的摩擦，還能夠增進父親與孩子之間的相

互了解，促進溝通的順利進行。

　　雖然許多父親認為自己是最了解孩子的，但是如何站在孩子的立場上來進行溝通，卻不是各位爸爸擅長的。要想站在孩子的立場上來看待和解釋問題，就應該多與孩子在一起進行交流，站在他們的角度，了解和熟悉他們。

1. 要對孩子有耐心

　　由於工作忙，許多父親沒有過多的時間與孩子進行溝通，在與孩子講話的過程中，常常沒有聽完孩子的話就著急表達自己的意見，而且希望孩子按照自己的話做，最好不要有異議。這樣做雖然較為節省時間，但是長此以往，孩子就會感覺到很難與父親進行溝通，兩代人之間的代溝就會越來越深。

　　站在孩子的立場上來思考，如果你說話的時候，你父親是不耐煩的態度，那你就很難有傾訴欲望了。因此在與孩子進行溝通的時候要有耐心，不但要認真聽完孩子的話，還要及時給予反饋，表示正在聽或者正在思考他說的問題。同時你要從孩子的角度來理解他們要表達的意思，以便真的幫到他們。

2. 注意體會孩子的感受

　　孩子在外面受了委屈，或者與好朋友鬧了矛盾，或者失去了自己最心愛的玩具，都會難過上半天。這時候父親給予及時的關心和安慰就顯得尤為重要。但是你如果僅僅告訴他「沒關

係，你應該堅強一點」「沒事了，你應該高興一點，這沒什麼大不了的」等這樣的話，孩子就會覺得你一點都不理解他，不能體會到他內心的真實感受。

因此，要想真正理解他們，走進他們的內心世界，體會他們的感受，你就應該站在他們的立場上來看待問題，如果碰到上面的情況，你可以這樣說：「很傷心是不是，要是我是你的話，也一定會這樣傷心的。」孩子聽到這樣的話，肯定就會覺得你能夠體會他的感受，他也更願意與你溝通。

3. 要了解孩子的發展程度

要站在孩子的立場上與之進行溝通，首先應該知道多大的孩子能理解多少話。如果父親說出的話孩子還無法理解，或者父親為孩子制定的目標孩子達不到，這就會讓孩子覺得辛苦，父親與孩子之間的溝通也將很難進行下去。

因此，父親要充分了解孩子的發展程度，知道對什麼年齡層的孩子說什麼話，這樣才能逾越父親與孩子之間的鴻溝，進行有效溝通。

4. 要注意回答孩子問話時的方式

當孩子向你提出問題時，你首先應該了解孩子的真實含義，然後根據孩子的需要做出回答。比方說孩子這樣問你：「爸爸，你要不要去踢球？」

其實孩子的真實意思就是：「爸爸，我想讓你陪我去踢球。」如果你聽懂了孩子的話中話，你就可以這樣回答他：「對啊，爸爸等會要去踢球，你要不要跟著一起去啊？」孩子聽了這樣的話肯定會很高興。

因此，當孩子問話時，你要明白孩子話中的意思，這樣你才能做出他最滿意的回答。

5. 要禁用負面意義的說話語氣

所謂負面意義的說話語氣就是指「我命令你……」、「我警告你……」、「你應該這樣做……」、「你太讓我失望了……」、「你不可以……」等等，這些帶有命令、警告、責備等負面意義的語氣詞。孩子聽多了這樣的話就會覺得無所謂了，以後父親再說這樣的話不僅不會產生任何作用，還會讓孩子產生厭煩心理，阻礙父親與孩子之間的溝通。

6. 在與孩子溝通時，要經常變換新鮮的話題

要站在孩子的立場上進行溝通，就應該時常講一些新鮮的話題，引起孩子的興趣。比如說，「你猜猜爸爸今天在下班的路上看見了什麼」「你知不知道為什麼小孩子都喜歡看卡通」「如果有一天地球被外星人侵占了，我們地球人應該怎麼辦好」等。相信這些有意思的話題，比一些「你今天開不開心」這樣的話更能吸引孩子。

7. 要懂得充實孩子的生活經驗

父親與孩子溝通的題材大都來源於生活，因此要站在孩子的立場上進行溝通，還要注意充實孩子的生活經驗，擴大與孩子的溝通範圍。

可以帶孩子去認真觀察身邊的一些事物，比如說，街上的車輛、路邊的花草、行人的穿著等。這樣不僅可以提高孩子的觀察力，而且也可以讓孩子在一種融洽的環境下進行溝通。

▎與孩子建立友誼，保持良好的親子關係

《爸爸去哪兒》節目剛一播出，「小暖男」天天就萌翻了許多觀眾的心。天天之所以這麼懂事聽話，筆者認為與他爸爸獨特的教育方式密切相關。記得在節目一開頭，他爸爸就說道：「我要跟兒子做一輩子的兄弟。」而他平時在教育孩子的過程中也是這樣做的。

他們在節目中常常嘻嘻哈哈一起玩鬧，任何事都會相互商量。將孩子放在與自己平等的位置上，做孩子的夥伴。爸爸不小心把水灑到兒子身上會及時地向他道歉，做飯時兒子放多了鹽也會對爸爸說對不起。

另外他在哄孩子方面也非常有耐心，他認為不應該直接告訴孩子應該怎麼做，而是應該啟發式的教育孩子，引導孩子朝著正確的方向成長。

場景一：

節目組為每一個孩子安排了一個學唱〈鄉間的小路〉的任務，但是天天不願意學唱歌，賴在床上睡覺。於是張爸爸就說：「不論學不學得好，你首先得端正學習態度！」但是看到孩子依然缺乏興致，爸爸就提出了一個想法，去外面幫茄子澆水，然後一邊學唱歌，於是孩子欣然接受，高高興興地跟爸爸學唱歌。

場景二：

父子兩人在睡覺前進行談心，張爸爸讓兒子來扮演村長，自己扮演孩子，當孩子高喊「集合」的時候，爸爸做出了兩種反應，一種是拖拖拉拉，一種是乖乖地迅速集合，問兒子喜歡哪一種，兒子說後一種。於是爸爸就對天天說：「那你現在知道村長的感受了吧？別人講話的時候你不要打斷，因為打斷別人說話是一種非常不禮貌的行為。」

做孩子的夥伴，用孩子的眼光來看待問題，站在孩子的角度來解釋某件事情，會讓溝通變得更加輕鬆有趣，孩子也更容易接受你的建議。因此這就需要爸爸經常抽空陪孩子，平時多了解他們的語言習慣，學會用孩子的思維來解釋問題。

如果你與孩子接觸的時間長了，你就會發現孩子在高興的時候，最容易溝通。比如說陪孩子一起去散步，陪孩子一起玩他最喜歡的遊戲等。如果你選擇在這種時候與他溝通，溝通效果會更好。

接下來我們將會從下面的例子來分析，身為亦師亦友的爸

爸，應該如何與孩子溝通、相處。

丁丁今年 9 歲了，有一天放學回家，他跑到爸爸跟前得意地說，學校裡有很多小朋友都很崇拜他。於是丁丁爸便仔細問清了緣由，原來是丁丁在玩《神廟逃亡》的遊戲時，分數突破 30 萬，在同學當中遙遙領先。

「爸爸，你再教我玩一個新的吧，這個都玩膩了。」丁丁看到爸爸正在拿著 iPad（蘋果平板電腦），趕緊湊上前去。

「可以是可以，但你要先完成作業才能打遊戲。」

於是丁丁點頭答應，乖乖跑到房間裡去寫作業。一個小時後，他將作業交給媽媽檢查，檢查合格後，丁丁爸才將新遊戲教給他，兩人在 iPad 上玩得不亦樂乎。

許多人認為丁丁爸教給孩子玩遊戲是在妨礙丁丁的健康成長。但是丁丁爸認為，傳統教育觀念裡的「棍棒底下出孝子」已經不再適用於「00 世代」的孩子們，他希望孩子能在一種平等自由的環境中，積極健康地成長。

丁丁爸在剛開始擔任「父親」的角色時，也完全沒有頭緒，但是後來隨著孩子的不斷成長，丁丁爸逐漸意識到，除了給孩子良好的物質生活之外，還要培養孩子養成一些良好的品格，品格才是人生的不動產。

就拿玩遊戲這件事來說吧，在丁丁三四歲的時候，他就經常跟在爸爸身後玩遊戲，剛開始兩人相處得非常愉快，可是時間一長，丁丁爸發現丁丁變得越來越不喜歡說話，一回家就抱

著 iPad 玩遊戲，到這時丁丁爸才意識到問題的嚴重性。

於是為了能找到適合兒子玩的遊戲，丁丁爸費勁了心思，經常去一些論壇上吸取經驗。幫丁丁挑選了一些不會過分沉迷，又能開發智力的遊戲。最重要的是，丁丁在這些小遊戲上取得的成績讓他在學校擁有了很多崇拜者，幫助他樹立了自信。

丁丁平時成績不錯，可是有一次卻因為考試失利，成績下降了，回到家裡情緒也不高。丁丁的父母為此很著急，於是丁丁爸就讓丁丁陪他看了《當幸福來敲門》這部電影。

看完電影後，丁丁爸告訴兒子說，就算考試考最後一名也不可怕，可怕的是從此一蹶不振。只要你能永遠保持積極樂觀的心態，總有一天你會獲得成功。雖然有些道理他似懂非懂，但是丁丁爸爸相信，只要給他鼓勵和時間，他終有一天會明白父母的苦心。

在丁丁取得進步的時候，丁丁爸也會毫不吝嗇他的稱讚。當兩人的意見相左時，丁丁爸會首先認真聽取孩子的想法，「你覺得應該怎麼做？」「如果這樣做的話，你覺得好不好？」他們總是能透過這樣耐心的詢問和解答最終將意見達成一致。

從上面的案例中可以看出，丁丁爸將孩子當作朋友，任何事都能相互商量，亦師亦友。他們之間既是父子也是兄弟。他用一種朋友的身分教會兒子積極向上的品格，教會孩子在挫折面前應該如何應對，告訴孩子，無論人生的道路上有多少風雨，只要保持積極樂觀的心態，就能永遠做到從容淡定。

爸爸與孩子做朋友實際上就是親子關係的一種，親子關係對於孩子性格的形成、品德的培養和意志的磨練具有重要的影響。良好的親子關係是父母與孩子之間進行溝通的基礎，有利於父母增進與孩子之間的關係，促進孩子的健康成長。

現如今大多數孩子都是獨生子女，對子女的教育和管教就成了現在許多年輕父母最頭痛的問題。爸爸們也一直在做一個「慈父」還是「嚴父」之間徘徊，如果做一個「慈父」，與孩子關係太親密，就怕對孩子會產生溺愛；但是如果做一個「嚴父」，與孩子關係太遠的話，就擔心對孩子關心不夠，讓孩子產生抱怨。那麼應該如何與孩子建立親子關係呢？筆者認為爸爸們可以從以下幾個方面進行借鑑。

1. 珍惜與孩子共處的時光

現在許多學校都會在重要的節日或者慶祝會上舉辦各種形式的親子活動，目的就是增進父母與孩子之間的關係。孩子們待在父母身邊的日子非常難得，因此父母們要學會分享和見證孩子成長的每一刻，父母們要記著，無論你因為陪伴孩子失去了多少睡眠、時間、精力和金錢，你都要好好珍惜，因為這是上天給你的一種恩賜。

許多家長因為沒有重視與孩子共處的時光而失去了與孩子培養感情的機會，與孩子之間的溝通也因此產生了障礙。所以，不管是與孩子一起參加親子活動的時間、臨睡前相處的時

間，還是接送孩子的時間都需要家長們好好珍惜，以增強孩子的心理安全感，增進父母與孩子之間的感情。

2. 主動與孩子分享自己的感受

　　通常情況下，許多大人都不願意與孩子分享自己的感受，一方面可能會覺得孩子無法理解；另一方面也認為這樣容易帶給孩子負面情緒，影響孩子的健康成長。但是如果你嘗試將孩子放在一個平等的地位上來對待，將他當作一個好朋友，向他傾訴你的感受。孩子感覺到你將他當作一個大人來看待，他就可能會用一些更懂事的行為來回報你。所以，如果你真的很累的話，不妨就告訴你的孩子：「兒子，爸爸今天上班很累。」或許你就會發現你的孩子也能夠懂得體諒你，他也能夠很懂事、很聽話。

3. 學會聆聽孩子的講話

　　有時候你正在忙工作的事情，孩子跑到跟前來想要與你分享在學校的趣事，你漫不經心地聽著，有時候還會不耐煩地打斷孩子的講話，雖然你可能覺得沒什麼，但是這其實已經對孩子幼小的心靈產生了一種傷害。他們可能會認為父母不喜歡聽他們講話，不關心他們。嚴重的話，孩子以後就不願意與你溝通了。因此家長們要對這個問題重視起來，在孩子與你說話的時候，蹲下身子與孩子的目光保持平視，並且微笑地看著他，

鼓勵他說出自己想說的話。如果你確實工作很忙，你可以給孩子一個確定的時間，比如說，「等爸爸十分鐘就好」或者是「寶貝，等爸爸把這些圖畫完好嗎」，這樣孩子就會較容易理解，也會乖乖地待在一旁等。

4. 賞罰張弛有度

有時候孩子做了不該做或不能做的事情，家長們都不知道應該怎麼處理。如果懲罰他的話，怕影響親子關係；不懲罰的話，又怕孩子記不住教訓，下次會再犯。如果遇到這樣的情況，家長們不如利用孩子的行為後果本身，對孩子進行自然懲罰。比如他非要去碰熱水瓶，如果你一味地阻止他，他就會大哭大鬧，這時候你不妨主動將熱水瓶的瓶塞打開，將他的手放在熱氣上，當他感到燙的時候，他就再也不會想碰了。

如果孩子做了一件好事，你也不要吝嗇你的讚美，適時地給他一個擁抱或親吻，或者當著別人的面誇獎他，這遠遠勝過任何物質獎勵。

和孩子相處，你要謹言慎行，因為你不經意的一句話或者一個行為都有可能會對孩子的心靈產生重要的影響。當然家長們也不必因為孩子的教育問題而憂心忡忡，只要掌握科學的方法，與孩子進行有效地溝通，做孩子的夥伴和朋友，你就能與孩子建立融洽的親子關係。

面對孩子的錯誤，
父親的正確批判與教育方式

　　隨著經濟發展水準和人們文化素養的不斷提升，在現代家庭教育中，家長們越來越重視對孩子的賞識教育。但是任何事情都應該用一個標準來衡量，賞識教育也是一樣，如果孩子犯了錯誤，家長還是一味地賞識，那就可能助長孩子的虛榮心，不利於培養孩子良好的心理承受力。一旦有一天孩子沒有獲得他人的賞識，就會導致孩子情緒沮喪，對人生失去信心。

　　父母們首先應該認清這一點：在孩子的成長過程中，總會出現這樣或那樣的錯誤。對於孩子無意造成的錯誤，父母盡量不要過多地責備孩子；但是如果孩子屢教不改，這時候父母就不要再一味地縱容包庇了，應該要對孩子進行正確的批判教育。

　　在家庭教育中，批評作為一種教育和溝通方式，是孩子成長過程中所必需的。心理學家詹姆士·溫德爾（James Windell）說：「為阻止錯誤行為而以獎勵作為條件簡直就是一種賄賂。它暗示規則本身已失去了它的內在價值。處罰並沒什麼錯，只要公平合理即可。」因此只要批評具有建設性和客觀性，孩子都是能夠接受的。

　　亞洲歷來強調「男主外，女主內」的家庭觀念，在親子教育中，也主張丈夫扮黑臉、妻子唱白臉。因此在典型的家庭教育中，父親如何扮好黑臉，正確地批評孩子，就成了「父教」中與孩子進行有效溝通的一個關鍵問題。

那麼應該如何批評孩子，才能與孩子建立良好的溝通關係呢？

1. 批評孩子時要客觀

批評孩子，關鍵就是能讓孩子心服口服。但這話聽起來簡單，做起來卻並不容易。在與孩子進行溝通的過程中，要讓孩子能夠接受你的批評，就要站在孩子的角度，用一些孩子能夠理解的道理去說服他們。

除此之外，如果父親在與孩子的溝通過程中，想要對孩子進行批判教育，首先應該保證自己的頭腦清醒，並且思維理智，以免對孩子造成不必要的傷害。在批判教育中，強迫孩子接受你所灌輸的道理是不行的，要給孩子充分的說話機會，讓他們自己去反思自己的行為，從而讓孩子從心裡接受你的批評。

有一天兒子興沖沖地跑回家對爸爸說：「爸爸，我們今天下午不用上課！」

爸爸說：「那正好，你可以下午看看課外書什麼的了。」

「可是我已經跟同學約好一起去溜直排輪了啊！」兒子急忙說道。

爸爸一聽，心裡想：果真像他媽說的一樣，兒子心裡只想玩。於是爸爸讓兒子坐下，決定跟他好好談談。

爸爸說：「兒子，你告訴我，你現在成績好不好？」

他沉默了一下，羞愧地說道：「不好。」

「身為一個學生，成績不好有什麼資格玩？」

兒子楞楞地望著爸爸，一句話也不說。

於是爸爸繼續說道：「爸爸認為這世界上一共有三種學生，一種是會學不會玩的，一種是會玩不會學的，還有一種就是又會學又會玩的，你覺得你是哪種？」

兒子不好意思地說：「中間的那一種。」

「你看你都知道你自己是會玩不會學，所以你應該要加強學業，努力成為第三種學生。這也是爸爸最希望看到的。」

聽完之後，兒子撓撓頭，踟躕地說道：「那爸爸我下午還去溜冰嗎？」

爸爸說：「怎麼不去呢，你都跟同學約好了，我跟你說這些就是想讓你記住，要努力做第三種學生。」

兒子興奮地擺出個「OK」的手勢，高興地跑出了家門。

可見，在對孩子進行批判教育時，要做到客觀批評就應該站在孩子的立場上，用一些簡單易懂的道理說服他們，同時要給孩子充分的話語權，讓他們能夠從自身出發剖析自己的行為，以便對自己的行為進行調整。

只要客觀地批評孩子，讓孩子感受到你對他的尊重和誠意，他們就會更容易接受你的意見。

2. 批評孩子不要當著眾人的面

孩子也是有自尊心的，如果父親當著許多人的面批評孩子，就會讓孩子感覺丟了面子，從而對父親產生牴觸心理。

在眾人面前誇獎孩子，在私下裡批評孩子，這才是作為一個明智的父親應該要學會的。

如果孩子犯了錯，父親在私底下對孩子進行批評和教育，孩子就會體會到父親對他的尊重和對他名譽的看重，他也會更加看重自己的名譽，從而會認真規範自己的行為；但是如果父親當眾批評孩子的話，他就會覺得羞愧，就會覺得自己的名譽受到了打擊，以後想要維護名譽的心思就會逐漸淡薄了，也不再主動約束自己的行為了。

3. 用故事批評孩子

孩子的自尊心是極其脆弱的，如果父親赤裸裸地批評他們，他們就會對父親產生厭惡感，從而使父親與孩子之間的溝通受阻。因此父親在批評孩子時，要採取相對委婉一些的手段，比如說透過講故事給孩子聽的方式，向孩子灌輸一些人生的道理。

在一些有趣的故事中，孩子更容易接受一些道理。因此在家庭教育中，如果你發現了孩子有某些不良行為，先不要忙著責罵，首先應該冷靜地思考孩子到底錯在了哪裡？然後透過一些相關的故事對孩子進行引導，這樣的批判教育不僅能夠避免父親與孩子之間的衝突，還會讓父親與孩子之間的溝通更加順暢。

4. 用孩子的語言來批評

對於一些年齡較小的孩子來講，單純地灌輸大道理根本發揮不了任何作用。他們只會「左耳朵進，右耳朵出」。這並不是因為孩子在故意與你作對，而是對於一些高深的道理他們根本無法理解。因此，父親還要學會站在孩子的角度看待和思考問題，用孩子的語言來批評他們。

如果你的孩子喜歡把腳蹺在椅子上，你如果告訴他，「你這樣蹺腳是不禮貌的」或者是「這樣蹺腳，腿會不舒服的」，他們不會聽。但是如果你換一種方法，對他說，「寶貝，你有沒有聽見你的左腿一直在叫，它不喜歡這個姿勢」，他可能就會意識到自己的行為讓腿不舒服了，是不對的，就會及時糾正自己的行為。

因此，在批評孩子時，父親要學會用孩子的語言與他們進行溝通，這樣父親與孩子之間才會有共同語言，雙方才能進行更友好地交流。

5. 不要在餐桌上批評孩子

在我們身邊存在著這樣一種現象：許多父親習慣在餐桌上教育孩子，其中教育內容多以批評為主。但事實上，這種教育方式是錯誤的。

一方面父親在餐桌上對孩子進行批評，容易分散孩子的注

意力，導致孩子厭食，影響孩子的成長發育；另一方面經常在餐桌上批評孩子會使孩子的心理變得極為敏感，孩子在家裡失去了安全感，與父母的溝通也會越來越少，這樣一來，父親與孩子之間的隔閡就會越來越深，進而影響孩子的健康成長。

6. 讓孩子學會自我批評

批評孩子的目的是讓孩子意識到自己的錯誤，從而改正錯誤，並保證下次不再犯同樣的錯誤。但是如果父親沒有意識到這一點，只是把批評孩子當作對孩子犯錯的一種懲罰，那麼這種批判教育是發揮不了效果的。

孩子犯了錯，當然應該教育，但教育的方式有很多，並不是只有懲罰。如果一犯錯就對孩子實施懲罰性措施，就容易讓孩子產生反抗心理。

孩子在經過幾次懲罰之後，就會對懲罰措施越來越麻木，不僅不能達到改正錯誤的目的，反而會讓父親與孩子之間的感情越來越淡，出現親子溝通障礙。

因此只要孩子能意識到錯誤，並且有改正的決心，批判教育的目的就達到了，而不必採取一些強制性的懲罰措施。

如果父親在孩子犯錯後，不是立刻批評責罵，而是給予孩子包容和理解，引導孩子自己發現自己到底錯在了哪裡，這樣不僅能讓孩子留下深刻的印象，而且孩子也能感受到父親對自己的疼愛，有利於父親與孩子建立良好的溝通關係。

7. 要賞罰分明

懲罰作為一種教育方式，指透過一些懲罰性的措施，讓孩子明白其中的道理，避免下次再犯同樣的錯誤。

在對孩子的批判教育中，父母一定要做到賞罰分明，不能出爾反爾，讓孩子失去判斷力。比如你讓孩子不要撒謊，你首先應該做到不欺騙孩子，答應孩子的事情一定要做到，否則你在孩子那裡失去了信譽，孩子就很難再相信你，你與孩子之間的溝通也會遇到瓶頸。

有一天張先生帶著 5 歲的兒子去遛狗，走到半路的時候，狗狗累了不想走了，於是坐在了地上，但是兒子卻還想繼續走，於是為了能讓狗狗繼續往前走，兒子就用腳踢狗狗，張先生發現之後，就立刻責罵兒子。看到兒子哭了之後又趕緊掏出口袋裡的巧克力哄孩子開心。

有人就問張先生：「你為什麼責罵孩子呢？」

「因為他這樣踢狗狗是不對的啊。」

「那你為什麼後來又給他巧克力了呢？是為了表揚他的行為，還是為了補償他受的責罵？」張先生被問得啞口無言。

這時候小孩已經被弄糊塗了，他不明白為什麼父親會責罵他，也不明白為什麼罵過之後會有巧克力吃。

上面的例子中張先生的做法讓孩子弄不清是非，這對於孩子的成長是非常不利的。賞罰一旦使用就應該發揮它應有的作用。同時父親必須做到言出必行，平時給孩子定好規矩、做好

榜樣，言傳身教地將正能量傳遞給孩子，培養孩子養成良好的日常行為規範。

「父教」是一門科學，有其自身的規律，必要的批評有助於孩子的健康成長，是幫助孩子走向成功的推進器。當孩子知道自己犯錯的時候，內心已經做好了接受批評的準備，對孩子進行正確的批判教育，是符合其心理需求的。因此正確的批評孩子不僅可以幫助孩子成長，還能拉近父親與孩子之間的關係，有利於建立良好的溝通關係。

▌引導與說服，如何使孩子聽父親的話

在孩子成長的不同階段中，孩子時常會變得非常叛逆、不聽話。家長說東，孩子偏要指西，存心與父母作對。家長稍微不順從孩子的意願，孩子就哭鬧不休，直到父母滿足他們的要求為止。而一些處於青春叛逆期的孩子，就已經開始學會頂撞父母了。許多十六七歲的孩子，因與家長一言不合而憤然離家出走，類似這樣的事件屢見於報端……

孩子為什麼會不聽話？是孩子天性頑劣，還是父母不善於引導說服？

下面，我們透過一個案例來予以分析。

晚上，媽媽做好了飯菜，催促孩子到餐桌上吃飯。孩子正痴迷於電視裡的動畫片，遲遲不肯到餐桌上用餐。於是，媽媽不斷地哄孩子過來吃飯：「快來吃飯，一會飯菜就涼了」「先吃

飯，吃完再去看電視」「晚上不吃飯，肚子會長蟲蟲喲」……然而，孩子對媽媽的苦口婆心依然無動於衷，繼續坐在沙發上看他的電視節目。

這時，爸爸終於控制不住心頭的積火，三步並作兩步走到電視機前，「啪」的一聲把電視機關了，然後跟拎小雞一樣把孩子拎到餐桌前，強迫孩子吃飯，這一期間孩子一直哭鬧不已，含在嘴裡的飯菜也不肯咽下去，弄得一家人吃飯都吃得不安寧。

從上面的案例就可以看出，在面對孩子不聽話的時候，父親失去了耐心，對孩子採取了強硬的措施，從而導致孩子情緒一下子爆發，越發的不聽話。因此，如果出現孩子不聽話的情況，強硬措施是沒有產生作用的。父親不妨學著去引導孩子，慢慢讓孩子接受你的意見。

在這一方面做得較好的就是《爸爸去哪兒》節目中的明星爸爸林志穎。我們可以從以下場景中分析林志穎是如何引導說服孩子的。

場景一：小黃，我不想離開你

在節目剛開始的時候，節目組要求孩子們交出零食和玩具。Kimi 在交出零食和玩具後，眼看自己最要好的朋友「小黃」（布偶）又要被要求交出去，不禁傷心地大哭起來，眼淚奪眶而出。

林爸爸的解決辦法：

林爸爸：「小黃可以帶嗎？你去問問叔叔？」

林爸爸：「不可以帶，對不對？那我們現在把它交上去，等

過幾天比賽完了後，再把它帶回家好不好？哭也沒有用哦。」

　　林爸爸：「我們一起把它放進去，好不好？」

　　要求孩子交出最心愛的玩具「小黃」，Kimi 傷心地哭了起來。本來離開了媽媽的陪伴，孩子就已經很傷心了，現在就連最好的玩伴也要離開自己了，對於一個四歲的孩子來說實在是不能接受。

　　面對這樣的場面，林爸爸採用了非常好的處理辦法。

　　一、告訴孩子，「你去問問叔叔，小黃可以帶嗎？」鼓勵孩子與陌生人進行溝通，這樣不僅緩和了孩子的情緒，而且也從側面告訴孩子，「這件事我說了不算」，以防孩子再提出其他要求。

　　二、蹲下來，抱著孩子與之進行溝通。雖然這一蹲一抱的動作看著很簡單，但其實包含了父親對孩子情緒的一種容納。蹲下來與孩子的目光平視，不僅是一種姿勢，也代表了父親與孩子進行平等溝通的一種心態。

　　三、給孩子一個明確的答覆，告訴孩子哭並不能解決問題，同時給孩子提出了解決方案。「小黃不可以帶」、「哭也沒有用」、「比賽完了後一起把它帶回家」。

　　四、告訴孩子「我們一起把它放進去吧！」不僅是對孩子的一種陪伴，也可以產生安撫孩子情緒的作用。

　　林爸爸透過緩和接納孩子的情緒、表明自己的立場、提供解決方案、陪伴他交出小黃這四個步驟，幫助小 Kimi 接受了小

黃離開自己的事實，並且在之後的節目中也沒有再提到小黃，因為孩子已經明確地知道小黃在哪，清楚何時能夠與小黃團聚。

清楚明白地告訴孩子為什麼要這麼做，而不是簡單地採取強硬措施讓孩子被迫聽話，這樣不僅是對孩子的一種尊重，也是一個聰明的父親應該具備的技能之一。

場景二：我不喜歡又髒又破的「蜘蛛屋」

在選擇住房的時候，Kimi 不小心抽到了條件最差的房間，並輕聲說：「不要這間房！」

林爸爸的解決辦法：

林爸爸：「那你想要哪個房間？每個房間都是一樣的啊。」

林爸爸：「那你要不要跟他換？」（Kimi 正在思考要不要換？）

林爸爸：「這個好像挺不錯的。」「那個有怪叔叔！你要和他換嗎？」「三號好不好？好像不錯哦！」

孩子最後點頭同意。

當孩子出現類似這樣的情況時，許多父母為了能讓孩子接受自己的想法，對孩子說盡好話，甚至用獎勵做誘惑；有的孩子雖然無奈地接受了現實，但在很大程度上是由於父母提出了「附加條件」。長此以往，孩子就會形成一種習慣，以後再出現這樣的情況，他們就會理所當然地提出自己的要求。而父母為達目的，只有盡量滿足。

大家不妨學學小志在碰到這樣的情況時是如何做的。

一、不去苛責孩子，但也沒有用任何獎勵來誘導孩子，而

是給孩子機會，讓他自己做選擇：「那你想要哪個房間？」「那你要不要跟他換？」

二、提出自己的建議，引導孩子主動思考問題：「這個好像挺不錯的。」「那個有怪叔叔！你要和他換嗎？」「三號好不好？好像不錯哦！」

三、在孩子正在思考的時候，抓住孩子猶豫的契機，引導孩子做出選擇：三號好像不錯哦！

引導說服孩子的過程其實並不複雜，首先尊重孩子，給孩子選擇的機會；然後提出引導性的建議，引導孩子做出選擇；最後與孩子意見達成一致。就在這種耐心的安慰、詢問和分析中，孩子就慢慢接受了自己抽到的結果。

孩子不聽話時，如果父親只是對孩子反覆地講道理，或者對孩子採取強硬措施，往往不會收到理想的效果。因此，爸爸們應該學會因勢利導，在與孩子平等溝通的過程中有效地引導和說服孩子。下面，我提供以下幾種說服技巧給大家。

1. 共情法：利用同理心，引導和說服孩子

孩子雖然年齡小，但是他跟我們成年人一樣，也需要得到他人的理解。因此，當孩子與自己的意見相左時，父親首先應該向孩子表達自己對他的理解，這就是所謂的「共情法」。以上面「看電視」的案例來說，如果那位爸爸不是採取強硬措施，制止孩子看電視，而是採取「共情法」的處理方式，效果可能會完全不同：

「爸爸知道，你特別想看電視。爸爸像你這麼大的時候，也非常喜歡看動畫片。可是如果等動畫片完了之後再吃飯，飯菜都涼了，吃完了會肚子痛的，而且看電視時間太長，眼睛會壞掉的，眼睛壞掉了以後就再也不能看動畫片了。就像爸爸這樣，如果我看不見了，我就找不到我家寶寶了，咦？我家寶寶在哪呢？是在這嗎？不對，這是沙發。在這嗎？哦，沒有。天吶，如果看不見的話就太糟糕了，寶寶可千萬不能這樣，趕緊休息一會去吃飯吧！」這樣給孩子一個臺階，細心呵護他的自尊心，他就會較容易接受，從而自覺地跑去吃飯。

2. 因勢利導法：
利用孩子的反抗心理，引導和說服孩子

孩子的世界都很單純，如果他正在注意著自己感興趣的東西，而你非要阻止他，那麼他就很難聽你的話。因此，當孩子與你的要求產生衝突時，不要急著去改變孩子的想法，可以因勢利導，順著他的意思往下走，然後再幫助他轉變觀念。

比如說孩子特別喜歡吃糖果，如果你阻止他吃糖果，他可能不會那麼聽話，一旦你表現出態度堅決或者有生氣的跡象，孩子可能就會大哭大鬧。這時，你不如選擇幫孩子把糖果剝開，然後告訴他：「吃吧，糖果多甜啊，吃了糖，牙就壞了，牙壞了我們就要去看醫生，醫生就會幫我們把壞掉的牙齒拔掉，哎呀，拔牙多痛啊，那麼大的鉗子，你上次看到動畫片裡鱷魚

被拔牙不是嚇壞了嗎？」

　　如果你這樣說，他就會意識到自己吃糖是要拔牙的，而拔牙又很可怕，之後他就會有意識地去少吃糖果。如此不用各種大道理就可以讓孩子乖乖接受，何樂而不為呢？

3. 後果體驗法：讓孩子能夠意識到自己的行為產生的後果

　　再沒有比親身體驗後果更能讓孩子信服的了。有時候家長們覺得已經把一些事情都講得明明白白了，可是孩子還是一意孤行。這時候與其再進行毫無意義的說教，不如停止說教，讓他自己去體驗這樣做的後果。比如說，孩子在吃飯時間不好好吃飯，我們就不要逼迫他吃了，首先要去問一下他是不是真的不想吃飯，如果他確實不想吃，那就直接把飯菜撤掉，而且在另一餐之前不要給他提供任何吃的，一旦他體驗到了挨餓的感覺之後，以後再吃飯，他就會乖乖聽話了。

4. 靈活變通法：引導和說服孩子要學會靈活應對

　　一個問題通常有多個解決方案，因此我們要學會靈活變通。當孩子不聽話時，用另一種靈活的方式來引導和說服孩子，或許會更加有效。

　　比如，孩子在房間裡正開心地玩著心愛的遙控飛機，結果不小心掉到了垃圾桶裡，孩子去垃圾桶裡撿飛機，弄得手上很

髒，於是你就讓他去洗手，可是他正在興頭上怎麼也不肯去，如果你強行讓他去洗手，他肯定會不高興。此時我們不如換一種更靈活的方法，跟他說：「帶著你的小飛機去洗手，看看小飛機會不會游泳，回來告訴爸爸。」孩子一聽肯定會很感興趣。於是他就去乖乖洗手，在水池裡玩起小飛機來。

因此，爸爸學會變通說話，孩子才會最「領情」。這樣不僅可以表達自己的想法，還可以引導說服孩子接受自己的建議。

▌父親該如何幫助孩子走出負面情緒」

近來筆者收到了許多家長的郵件諮商：

「我孩子今年 6 歲了，性格開朗，而且很善良，平時也很講道理，但一生氣，就像換了個人似的，和他平時有很大反差，完全不受控制」；

「我女兒今年上初二了，每次想要跟她好好溝通，都是 3 句不對就發火，要不就摔門而去，小時候很乖很聽話的，為什麼現在變成了這樣」；

「孩子才上小學，體型偏胖，有一次在學校裡同學給他取了個『胖子』的外號，他就不願意跟同學一起玩了，回到家裡也鬱鬱寡歡，這可急壞了我們一家人。」

……

其實對於上述家長們描述的這些問題，我認為都可以歸結為一個問題：孩子鬧情緒的時候該怎麼辦？

在很早之前就有一個研究顯示：那些感到幸福並且有成就感的人，並不是智商高或者家境優越的人，而是擁有高情商的人。一個人之所以能獲得成功，15%靠智商，而剩下的85%都要靠情商。換句話說就是，一個人能否成功，取決於他對情緒的控制能力。

1. 孩子表現出的不同情緒都有著不同的根源

要管理好孩子的情緒，首先應該弄清楚孩子的情緒到底源於哪裡。

一、孩子的情緒可能來源於課業。在現代家庭教育中，孩子的絕大部分時間和精力都投入到了課業上，因此，孩子的學習情況會對孩子的情緒產生重要的影響。成績不好的孩子不僅要忍受老師的批評，還要忍受同學的看不起和家長的抱怨、指責。生活在這樣的環境下，孩子會長期處於一種挫敗、害怕的情緒狀態裡，當接收到外界的壓力時，憤怒、狂躁的情緒就會爆發出來；而成績好的孩子因為一直背負著老師、父母和同學的期望，壓力巨大，常常會出現焦慮不安的情緒。

二、孩子的情緒可能來源於孩子身體上的變化。身體發胖或者臉上長痘痘都有可能影響到孩子的情緒。尤其是進入青春期的孩子，對自己的外表和別人對自己的眼光都很在意，一旦自己感到不滿意或者受到別人的議論，都有可能引起情緒上的波動。

三、來自於人際關係的問題。受到老師批評的孩子、家庭關係不和諧的孩子、跟同學鬧矛盾的孩子、單親家庭的孩子，他們的情緒都很容易受到影響。

2. 想要孩子脾氣好，首先要管好自己的情緒

對於孩子來講，管理好自己的情緒可以集中孩子的注意力、提升自主學習能力；可以幫助孩子增強心理免疫力，及時對自己的情緒和心理進行調整；還可以幫助孩子建構和諧的人際關係。作為一名父親，要想讓孩子擁有良好的情緒，你首先要管理好自己的情緒。

一、清楚自己的情緒，並了解自己的「情緒」。這裡講的「情緒」就是指在小時候積壓的情緒，在當下壓力狀態的影響下表現出來的情緒。

比如，爸爸看到孩子大喊大鬧就忍不住發脾氣，原來是他小的時候爸爸動不動就對孩子們大喊大叫。他將這個情緒積壓在了潛意識裡多年，當長大後再遇到類似的情境時，他立即就會情緒爆發。如果爸爸們明白了自己的情緒並不是來源於孩子，而是在自己成長過程中形成的，那麼你就可以對孩子進行情緒管理了。

你可以這樣對孩子說：「在爸爸小的時候，只要一聽到你爺爺發脾氣，就會感到害怕和厭惡，因此，在你大喊大叫的時候，我就會控制不住自己的情緒，忍不住向你發火。所以我希

望以後寶寶跟爸爸說話的時候，能夠小聲一點。」

二、父親不要隱瞞自己的情緒，要將自己的情緒自然流露出來。如果你真有情緒，那就要向孩子表達出來，比如說：「爸爸現在很生氣，不想說話」或者「你不開心，爸爸會很擔心你，心裡也會覺得非常難過」等等。

三、建立和諧的夫妻關係。夫妻關係和諧的家庭，有利於穩定孩子的情緒。在現代許多家庭中，許多父母因為孩子的教育問題產生爭執，雖然表面上看爭執的根源在於孩子，但實際上你們在爭執的過程中，帶給孩子一種負面影響，讓孩子的情緒一直處在一種受困擾的狀態。這種積壓起來的情緒一旦爆發出來，就有可能會使孩子的行為產生偏差。

四、爸爸要參與到孩子的情緒管理中。孩子在 3 歲以後，爸爸對孩子的鼓勵和肯定的作用要遠遠超過媽媽。因此，如果爸爸能夠參與到孩子的情緒管理中，那麼對於穩定孩子情緒，促進孩子的成長將會有重要的作用。

3. 與孩子進行真誠溝通，引導孩子控制自己的情緒

情緒是一種能量的表現形式，可以轉化成物質存在於身體中，而這種身體中的物質也會轉化成情緒，釋放出來。有些孩子容易發脾氣，這就說明他的內心有很多情緒。孩子哭鬧的過程就是一種能量釋放的過程，而那些看似不哭不鬧的孩子，內心的情緒就得不到釋放，因此這類孩子更需要家長給予關心。

那些內向、敏感的孩子，表現得很乖巧、很懂事，因為很多事情不需要家長的操心，所以常常會被忽略。有時候孩子鬧情緒的時候，家長們就會告訴孩子，「男子漢，不准哭」或者「你這樣大喊大叫是不禮貌的」等。

家長們口中的各種「不能」、「不准」，讓孩子學會了去壓抑自己的情緒，用身體去壓抑情緒，情緒就會影響身體，進而導致孩子身體不舒服。

調查顯示：孩子壓抑在身體裡的情緒，如果沒有得到合理地宣洩和引導，經過多年的累積之後，容易在三個年齡階段爆發，分別是 11 到 12 歲；18 到 19 歲和 25 到 26 歲。11 到 12 歲的孩子會表現為鬧脾氣，處處跟家長唱反調；青春期的孩子主要表現為不想讀書，失去學習的熱情和動力；成年期主要表現為不想工作，宅在家裡靠父母，或者在婚戀問題上與父母觀點不一，唱反調。這也就是為什麼很多家長都頭痛的一個問題：「孩子小時候很懂事很聽話的，為什麼現在變成了這樣？」

因此，身為孩子的父親，無論孩子是內向還是外向，也無論孩子是敏感還是愛發脾氣，都要與孩子進行真誠的溝通，引導孩子控制自己的情緒。

對孩子進行情緒管理大致分為以下四步。

第一步：接納。

孩子的情緒宣洩是一種能量的釋放，父親應該學會接納孩子的各種情緒，而不是責罵孩子。「接納」就是指我已經注意到

了你的情緒，並且我也接受這樣一個有情緒的你，讓孩子知道，你是包容他的情緒的，同時你也可以直接向孩子說出情緒。比如說：「你看起來好像要哭了。」

第二步：分享。

在這一步最關鍵的一點就是你先要處理好孩子的情緒，然後再幫助孩子解決具體問題。在孩子情緒爆發的時候，需要一點時間來表達他的感受。因此，家長應該耐心地引導孩子說出自己的感受，不要輕易打斷孩子的話，可以用一些簡單的「哦」、「是嗎？」這樣的話來回應孩子。

在孩子充分表達出自己的情緒之後，孩子的表情和身體就會自動放鬆下來，等孩子情緒穩定之後，父親可以慢慢引導孩子說出具體的細節，指導孩子具體解決問題。

第三步：肯定與引導。

孩子表達情緒的方式多種多樣，比如說有的孩子會打人，有的孩子會摔玩具，而有的孩子會謾罵別人。因此，父親們要做的就是幫助孩子描述行為背後的這種情緒，讓孩子明白情緒本身沒有錯，但是要選擇一種合理的表達情緒的方式。

父親應該首先要對孩子的情緒表示理解，然後引導孩子選擇恰當的方式來表達情緒。比如說：「小朋友拿走你的遙控汽車，你很生氣，我能理解，但是你打他就是你的不對了。現在他也很想打你。如果這樣，你們就不能做朋友了，對不對？」

第四步：設計方法。

要幫助孩子處理情緒並合理地解決問題，你首先要問孩子他想要得到什麼樣的結果，然後再與孩子一起討論解決問題的辦法，引導孩子去獨立解決問題。

父親可以這樣引導孩子：「以後你還想跟小朋友一起玩耍嗎？」如果孩子說想，你就要告訴他：「如果小朋友再來拿走你的遙控汽車，你該怎麼做？」透過這樣的方式引導孩子，孩子就會明白他打人的行為是不對的，從而會思考更恰當的解決方案。

拓展遊戲，溝通訓練：促進孩子的語言表達能力

1. 教寶寶練習發音

遊戲目的

促進孩子的語言發展，幫助幼兒練習發音。

遊戲內容

一、為寶寶準備小動物形狀的玩具，在玩具上綁一根繩子，引導寶寶拉著繩子走，並同時模仿動物的叫聲，比如拉著小狗玩具走的時候「汪汪汪」，拉著小雞玩具的時候「嘰嘰嘰」……

二、父母用紙折一個小飛機，在屋子裡放飛，並大喊「飛了，飛了」，然後引導寶寶自己扔飛機，並同時模仿父母的發音「飛，飛」。

三、準備一個彩色的氣球，在屋裡讓氣球跑向屋頂，並喊「高了，高了」，然後父母引導寶寶自己將氣球拋向高處，並讓寶寶模仿發音「高，高」。

遊戲說明

父母在幫助寶寶練習發音的時候應該讓寶寶注意自己的口形，在教寶寶發音的時候，父母一定要有耐心，一個一個地教，以便寶寶模仿。

2. 教寶寶練習發音

遊戲目的

在遊戲中培養寶寶理解語言的能力和練習發音，為寶寶溝通能力的培養奠定堅實的基礎。

遊戲內容

一、找玩具的遊戲。父母可以先給孩子一個玩具玩，引起孩子的興趣，然後將玩具藏在寶寶的身邊或者用布蓋上，在藏得過程中要讓寶寶看著，然後問寶寶：「玩具去哪兒了？」引導寶寶指出玩具的位置並發出聲音。

二、招手遊戲。家長可以邊招手邊跟寶寶說「再見」，並讓寶寶模仿招手的動作，寶寶學會招手後，只要寶寶一招手，家長就要回來，這樣經過反覆多次的練習之後，寶寶只要一聽到「再見」就會招手，有利於寶寶更好地理解發音，幫助寶寶練習利用動作進行表達的能力。

遊戲說明

在找玩具的遊戲中，首先一個玩具必須能成功吸引寶寶的眼球，否則遊戲可能達不到預期的效果；在招手遊戲中，不僅可以招手說「再見」，也可以搖頭說「不要」，總之，對於一些日常生活中較常見的動作表達，父母都可以教寶寶慢慢練習。

3. 拉一拉遊戲

遊戲目的

一方面，幫助寶寶理解事物之間的關係，促進寶寶解決問題的能力的發展；另一方面，可以教寶寶唸一些簡單的兒歌，培養寶寶的語言能力。

遊戲內容

在桌子上放一件寶寶喜歡的玩具，讓寶寶能看見但是夠不著，在寶寶著急夠不著的時候，家長可以在玩具上綁一根繩子，觀察寶寶能否知道拉動繩子拿到玩具。如果寶寶不知道要拉動繩子，家長可以做一下示範，然後在拉動繩子的時候編一些簡單順口的兒歌「拉呀拉，拉繩子」。

家長可以邊教寶寶拉繩子邊讓寶寶學唸兒歌。

遊戲說明

要使此遊戲能夠順利進行，父母應該首先教寶寶會抓住繩子以及會模仿動作。

4. 製作布書

遊戲目的

培養寶寶從小對圖書的興趣，促進寶寶閱讀能力的發展。

遊戲內容

一、製作布書，家長可以收集一些帶有有趣圖案的手帳或者買一些動物布貼，也可以用一些彩色的碎布製作一些簡單而有趣的圖案。在製造布書的過程中，家長可以讓寶寶在一旁觀看，吸引寶寶對布書的興趣。

二、布書的內容，布書中可以包括水果、小動物、動畫故事人物、房屋等各種有趣的圖案，然後每天抽空讓寶寶學上幾頁，可以讓寶寶學習認識生活中常見的事物，家長在教學的過程中可以結合具體的實物效果會更好。

遊戲說明

運用布書進行教學，既簡單方便，又實用。布書不怕撕也不怕咬，如果弄髒了的話還可以洗，使用價值和遊戲價值都很高。

5. 放放、拿拿遊戲

遊戲目的

提高寶寶對語言的理解能力，同時鍛鍊寶寶的眼睛和手的協調能力。

遊戲內容

準備一個紙箱，然後在紙箱中放入寶寶的玩具，父母可以將玩具一一從紙箱中取出，邊取邊說：「拿拿，拿出我的小狗狗（也可以使用其他玩具的名字）。」然後再將玩具放進紙箱，邊放邊說：「放放，謝謝，放進我的小狗狗。」

教寶寶模仿父母的動作和語言，父母經過幾次的引導之後，最後唸兒歌：「放放，拿拿，拿出我的小狗狗。」讓寶寶在聽清兒歌之後，引導寶寶從紙箱中拿出相應的玩具，拿出幾個之後，父母可以再跟寶寶玩「放進去」。

遊戲說明

在進行遊戲之前首先要確保寶寶熟悉玩具的名稱。

6. 學唱兒歌

遊戲目的

透過教寶寶學習兒歌，提高寶寶的語言表達能力。

遊戲內容

一、準備一些兒歌卡片，教寶寶一起拍手唸兒歌：一二三，爬上山；四五六，拍皮球；七八九，翻跟斗；伸出兩隻手，十個手指頭。

二、為寶寶展示兒歌卡片，讓寶寶在學唸兒歌的同時認識卡片上的「爬上山」、「拍皮球」、「翻跟斗」的動作。

三、在教會了寶寶前兩方面的內容之後，家長可以唸兒歌的前半句，然後讓寶寶接後半句，同時讓寶寶認識卡片上相應的字。

遊戲說明

家長也可以運用多種方式讓寶寶學習認字，激發寶寶的學習興趣。如果寶寶在幾次指認之後都沒能正確地認字，家長可以適當的減少字卡，以防寶寶對學習認字失去信心。寶寶在指認正確的時候，家長應該及時拍手讚揚，增加寶寶的自信。

在進行遊戲之前，家長可以先帶著寶寶看字卡唸兒歌，讓寶寶對字卡有一個初步地認識。

7. 唱兒歌不倒翁

遊戲目的

透過唱兒歌，讓寶寶練習「笑」和「覺」這兩個字的發音。

遊戲內容

一、準備一個會發出笑聲的不倒翁，兒歌磁帶以及字卡不倒翁。

二、拿出會發出笑聲的不倒翁讓寶寶玩，在寶寶玩的過程中，父母可以在一旁唱：「不倒翁，瞇瞇笑，老是坐著不睡覺。」也可以一邊教寶寶唱，一邊讓寶寶玩不倒翁。

三、一位家長做出不倒翁的動作，另一位家長跟寶寶一起

推不倒翁，在推的過程中邊唱兒歌不倒翁。

四、拿出字卡，教寶寶指認不倒翁。

遊戲說明

在剛開始玩遊戲的時候，寶寶可能說不清楚，這時家長一定要有耐心，陪寶寶多玩幾次，幫助寶寶強化記憶。此外，家長在教寶寶發音的時候一定要準確。

8. 用調味料表達感受

遊戲目的

訓練寶寶的語言表達能力以及感知能力。

遊戲內容

一、準備一個小勺，帶有甜鹹涼燙的佐料或者食物，以及帶有「甜」、「鹹」、「涼」、「燙」的字卡。

二、將帶有甜味和鹹味的食物放在桌上讓寶寶品嘗，然後引導寶寶說出「甜」、「鹹」這兩個形容詞。

三、讓寶寶接觸較燙的東西，並問寶寶：「燙嗎？」在寶寶接觸涼的食物的時候，可以說：「好涼好涼，寶寶不能多吃。」這樣多重複幾次，寶寶就能明白「涼」和「燙」兩個字的意思了。

四、拿出字卡，讓寶寶分別認識「甜」、「鹹」、「涼」、「燙」四個字。

遊戲說明

　　形容詞對寶寶來講較難理解，因此，家長在日常生活中可以多用形容詞以豐富和提高寶寶的感知能力。

第四章

性格決定人生，掌握孩子的特點

▌該如何培養孩子的自制力，避免沉迷於遊戲

　　許多父母認為孩子可以憑藉自己的能力來管控自己，孩子之所以自制力差是因為他們不盡力或者不願意造成的，其實這種認知是錯誤的。造成孩子自制力差的原因多種多樣，例如外來的誘惑太多、早年未形成善始善終的好習慣、缺乏對自己人生的規劃、缺乏奮鬥精神等。

　　自制力差不僅會影響孩子正常的生活和課業，而且還會成為孩子未來發展的絆腳石。自制力差的人對自己的生活缺乏有效地規劃，不知道什麼時候該做什麼，也不懂得如何控制自己的情緒和行為。父母也常常為孩子自制力差而煩惱。

　　有一次有位家長抱怨說：「孩子都已經 15 歲了，但是一點自制力都沒有，每一次做一件事情都不能堅持到底。每次讓他看會書，看不了幾分鐘就把書扔在一邊去玩遊戲了，該拿他怎麼辦啊？」其實像類似的情況我已經不止一次聽到了，沉迷遊戲其實是孩子自制力差的一種表現，當然，孩子自制力差的表現還有很多，比如說，做事都只有「三分鐘熱度」，缺乏耐性，容易衝動，做事不計後果等等。

　　孩子之所以自制力差，與父母有著密切的連繫。有的父母見不得孩子受一點苦，一旦孩子受一點苦，父母就心疼地圍在孩子身邊噓寒問暖，這就很難讓孩子能夠專心做一件事情；而有的父母由於工作較忙，沒時間照顧孩子，也很少跟孩子一起玩耍和溝通，時間長了，孩子長期生活在一種緊張的氛圍中，總是在著急準備應對新變化，很難使孩子靜下心來認真做一件事。

　　我曾經還接到過一個家長的求助電話，讓我跟孩子說，別再玩遊戲了，快去吃飯。聽完後，我覺得有些哭笑不得。孩子能夠沉迷遊戲到此地步，父母有著不可推卸的責任。有些父母因為平時工作忙，沒時間陪孩子，因此對於孩子的需求往往是有求必應。也有的父母因為怕孩子吵鬧，沒有辦法，就讓他們玩遊戲來打發時間。這樣在無形中，孩子的自制力就慢慢地被消磨掉了。

　　試想一下，如果一個人一會情緒高漲，一會情緒低落；前一秒還陽光燦爛，後一秒就已經陰雲密布了。你還願意跟這種人交朋友嗎？

　　而且，一個不能有效控制自己情緒的人做事的時候容易情緒化，高興的時候就做，不高興的時候就扔在一邊，缺乏規劃和毅力，對於自己制定的目標不能完全堅持到底。

　　壯壯小的時候，爸爸媽媽經常陪他玩，晚上講故事給他聽，週末陪他去遊樂場，壯壯度過了一個非常豐富多彩的童

年。但是在壯壯開始上小學後，爸爸媽媽也就慢慢地放手了。

再後來，爸爸媽媽工作越來越忙，陪壯壯的時間也越來越少，很少有時間跟壯壯溝通，一起玩耍。壯壯感覺到自己的生活越來越單調、孤獨。

壯壯在五年級的時候，有一次同學邀請壯壯一起去網咖玩遊戲，從此，壯壯對遊戲的沉迷就變得一發不可收拾。他經常沉浸在網路的虛擬空間裡無法自拔，每天除了上課和睡覺外，就坐在電腦旁玩遊戲，他覺得遊戲能讓他獲得快樂和充實感。假期裡，他每天待在電腦旁玩遊戲的時間長達十幾個小時。

剛開始爸爸媽媽對壯壯玩遊戲的事情也沒放在心上，就是覺得小孩子貪玩，而且自己也沒時間陪他，就盡量滿足孩子的要求。但是等壯壯升到國中二年級後，爸爸媽媽發現壯壯在讀書的時候很難集中注意力，這時候他們才意識到問題的嚴重性。

於是為了防止兒子沉迷網路遊戲，爸爸媽媽開始限制壯壯上網的時間，但是壯壯對爸爸媽媽的規定視而不見，媽媽一氣之下拔掉了電腦電源，結果遭到壯壯的強烈抗議。無奈之下，媽媽只好又把電源接上，從此之後，壯壯更加有恃無恐了。

壯壯曾經練過籃球，於是爸爸在跟媽媽商量之後，決定以此為突破口。

一天，爸爸下班回家後，對壯壯說：「怎麼樣，今天跟我一起去打球吧？」

壯壯正在遊戲中玩得起勁，根本沒有理會爸爸的話，於是

爸爸又問了一遍，壯壯直接就拒絕了：「不好玩，我不去。」

爸爸聽後沒有生氣，反而微笑著說：「告訴你吧，其實今天不止是你跟我之間的較量，不信的話，你可以去球場看看。」

爸爸的話激起了壯壯的好奇心，於是他終於關掉電腦，跟著爸爸來到了籃球場，發現場上已經有自己的幾個好朋友和他們的爸爸了。

爸爸說：「今天，我們要舉行一場父親隊與兒子隊之間的競賽，看看到底誰能最終獲勝。」孩子們聽了後，高興地歡呼雀躍起來。

比賽開始後，兒子們一直在積極地運球和傳球，配合默契，最終贏得了比賽。比賽完回到家裡，壯壯一直意猶未盡，連說痛快。爸爸趁勢說：「你球打得不錯，以後我們多舉辦一些這樣的活動。」壯壯高興地點了點頭。

經過幾個月後，爸爸再問壯壯：「現在還想玩遊戲嗎？」壯壯爽快地答道：「現在天天跟你們在一起打球，在球場上都是真人真槍，比網路遊戲好玩多了！」

案例中的爸爸將家庭以外的教育資源引進到家庭教育中，成功地轉移了兒子的興趣，幫助孩子遠離了網路遊戲的誘惑。這種不動聲色的教育方式確實值得每一位爸爸學習和借鑑。

遊戲是一把雙刃劍，它既可以供孩子玩樂，讓孩子獲得快樂，也可以使孩子淪為它的「奴隸」，阻礙孩子的健康成長。因此，父母應該態度鮮明地糾正孩子沉迷遊戲的習慣。

當發現自己的孩子沉迷於網路遊戲時，父母必須及時採取

恰當的措施，幫助孩子遠離網路遊戲的誘惑。要抗拒誘惑，最有力的力量就是來自於自己的內心，而良好的自制力就是抵制誘惑的有力武器。

一個擁有良好自制力的人有很強的獨立性，有自己的主見，不容易受他人的影響。而自制力的形成並不是孩子自己的事情，因此，父母應該從孩子小時就注意對孩子自制力的培養。

孩子自制力差的習慣也並不是一天養成的，因此，培養孩子的自制力和糾正孩子自制力差的習慣是一個漫長的過程。對爸爸而言，可以從以下幾個方面著手。

1. 制定一套家庭規範

可以在家裡制定一套家庭規範，讓孩子知道哪些事情能做，哪些事情不能做。這樣有規可循，才能讓孩子逐步形成抑制不良行為和習慣的能力。或許在剛開始培養的時候，孩子還不明白這樣做的道理。比如說，規定孩子不能玩火柴，每當孩子碰到火柴的時候，他就會自然地想到這是不可以的，時間長了，他就不會碰火柴了，但是他或許還不知道玩火危險這一道理。隨著年齡的增長，爸爸在制定家庭規範約束孩子的同時，也應該讓孩子明白其中的道理，不但讓孩子明白，並且要讓他接受。

2. 掌握好對孩子適用的規則

在制定了約束孩子行為的規則之後，爸爸也應該認真遵守，否則就容易給孩子起了一個壞頭，也會讓培養孩子的自制力增加難度。當然制定的規則過多也不好，容易扼殺孩子的好奇心，壓抑孩子的探索欲。

3. 正確處理孩子因缺乏自制力而犯下的錯誤

當孩子因為缺乏自制力而犯錯時，比如說打壞了東西，因為玩遊戲忘記做作業等，爸爸應該學會容忍，並耐心地跟孩子講明道理。如果只是以簡單粗暴的方式對待犯錯的孩子，就容易讓孩子產生反抗的心理，從而對孩子的自制力教育產生負面影響。

4. 把目標具體化，增強目標的激勵性

一般來講，大多數人受到短期的、具體的和明確的強化物的影響較大。讀書雖然能夠影響孩子的未來和發展，但是對於孩子來講卻很抽象和遙遠，但是眼前的許多誘惑卻是具體的，並且能夠讓自己獲得滿足，因此，許多孩子都不能抵擋現實生活中的誘惑。

因此，爸爸應該將一些長遠的目標具體化，增加目標的激勵性。

5. 讓孩子集中精神完成一件事

爸爸要注意觀察孩子平時的表現，當孩子對於要做的事情不能堅持到底的時候，爸爸要鼓勵孩子把事情做完。

6. 減少干擾因素對孩子的影響

在孩子正在安心做一件事的時候，爸爸注意不要輕易打斷孩子，以免分散孩子的注意力。當孩子在認真完成了一部分的學習內容後，爸爸可以適當地獎勵一下孩子，讓孩子休息一會，吃點東西，聽會音樂等，不至於讓孩子感到乏味。

7. 做孩子的夥伴

如果你對孩子做的事情不聞不問，孩子就會失去熱情，從而無法將事情堅持到底。因此，爸爸應該經常鼓勵孩子，與孩子溝通，讓孩子知道你是關心他的，這樣他才會有做事的積極性。

8. 培養孩子的興趣

興趣是孩子最好的老師，只有對某件事情感興趣，才有可能一直堅持下去。因此，爸爸應該帶孩子多接觸一些新的事物，從中培養孩子的興趣。

▍培養幽默感，養成孩子樂觀、開朗的性格

幽默感在現代人際交往中具有舉足輕重的作用，一個懂得幽默的人往往更能受到大家的歡迎。同時，幽默還可以緩解人的負面情緒和緊張的氣氛，幫助我們減輕痛苦，讓我們能更好地面對生活中的壓力和痛苦。除此之外，幽默還可以透過緩解煩惱、憂慮的心情，化解尷尬的氣氛，讓你更加理性地處理問題。

但是現在的孩子長期處於父母的高壓政策下，整天參加各種才藝班和輔導課，整個人變得越來越死板，不愛開玩笑，失去了生活的樂趣，缺失了幽默感。而且現在許多家長仍然沒有意識到幽默感對孩子的成長有多麼重要。

餐桌上，孩子不喜歡吃蔬菜，於是就把碗裡的蔬菜都扔到了垃圾桶裡，爸爸覺得孩子這是在浪費糧食，很生氣，於是揚起巴掌說道：「你下次再這樣，我就打你了，打得你屁股開花。」

孩子瞪著眼睛看了爸爸好一會，突然哈哈大笑說道：「真的嗎？我的屁股真的會開花嗎？你快點打打看看啊。」

爸爸一聽楞了一下，最後也忍不住笑了起來，與孩子笑得抱成了一團。

「打得屁股開花」是日常生活中很普通的一句俗語，但是孩子卻從中感受到了幽默感，從而營造出了一種輕鬆、有趣的溝通氛圍，化了爸爸的怒火，增強了彼此之間的連繫。

傑克在一家大公司上班，他經常在上班時間跑出去到理髮

店理髮。

有一天傑克正在理髮，碰巧遇見了他的頂頭上司。他本來想裝作不認識他然後趁人多的時候溜走，但是經理已經坐在了自己的鄰座上，並且認出了他。

「行啊你，傑克，你竟然利用上班時間來理髮，這可是違反公司規定的。」

「是啊，經理，我是在理髮。」傑克鎮定自若地答道，「可是你知道，我的頭髮都是在工作時間長的啊。」

經理一聽，勃然大怒：「不完全是，還有些是在你自己的時間裡長的。」

傑克聽完後，並沒有慌，反而鎮靜地回答說：「對，這一點您說得完全正確，可是您看我也並沒有把頭髮全部剃光啊。」

暫且不論傑克的行為是對是錯，但是他的幽默地回答緩解了談話的氣氛，不至於使雙方都處於尷尬的境地。

希臘著名哲學家蘇格拉底（Socrates）有一個很強悍的妻子，經常衝著他發脾氣。但是蘇格拉底總是對身旁的鄰居自嘲說：「能跟這樣的老婆生活在一起有很多好處，這樣不僅可以鍛鍊我的忍耐力，還可以提升我的修養。」

有一次，他老婆又因為一點小事發脾氣，在家裡大吵大鬧，鬧了很長時間還不肯罷休，於是蘇格拉底只好選擇出去躲躲。

但是他剛走出家門，他老婆就從樓上倒下來一大盆水，將他淋成了落湯雞。但是即使這樣，蘇格拉底也沒有生氣，反而

不慌不忙地說道：「我早就知道，響雷之後必定有大雨，果然不出我所料。」

蘇格拉底就這樣用自己的幽默感表達了自己對老婆的不滿，同時也有利於緩解雙方之間的關係。

從上述的故事中我們可以看出，幽默是緊張氣氛的緩衝劑，像一座橋梁一樣拉近人與人之間的距離，以輕鬆愉快的形式化解矛盾和尷尬，促進雙方之間進行良好的溝通。同時，幽默還代表著一種智慧和才華，能夠使人們置身於一種輕鬆有趣的環境中。因此，幽默應當成為人們追求的一種品格。

專家研究發現，人的幽默感三分靠天成，七分靠培養。可見，孩子的幽默感是可以經過後天的培養和訓練逐漸養成的。

研究還發現，孩子的幽默感主要來自於父母。孩子是父母生命的延續，父母的許多性格都在潛移默化地影響著孩子。因此說，如果父母有幽默感，孩子也一定會有幽默的性格。

教孩子學會幽默，也就等於教會了孩子獲得快樂和與人相處的能力。那麼身為父親，應該如何培養孩子的幽默感呢？

1. 用自己的幽默感感染孩子

要培養孩子的幽默感，爸爸們首先應該注意一下自己是否有幽默感，或者說自己能否真正欣賞幽默。爸爸身上的幽默感可以潛移默化地影響孩子幽默感的形成，幫助孩子在人際交往中增加人氣指數。

爸爸可以經常衝孩子做一些誇張的笑臉和動作，比如說在與孩子一起玩捉迷藏的時候，忽然從門後伸出腦袋，對著孩子做出誇張的表情，這樣一個表情就有可能讓孩子興奮半天。經常與孩子一起比賽做鬼臉，讓孩子在競賽中學會幽默。

2. 教會孩子樂觀寬容地面對生活

要學會幽默，就要學會樂觀寬容地面對生活，摒棄斤斤計較的思想。

因此要培養孩子的幽默感，最重要的是無論孩子遇到什麼樣的困難和挫折，爸爸應該給予孩子積極地鼓勵和支持，要讓孩子感受到爸爸永遠站在自己這一邊。

3. 提升孩子的語言表達能力和想像力

如果孩子缺乏豐富的想像力和較強的語言表達能力，就很難表達自己的幽默感。因此，爸爸們要注意激發孩子的想像力，增加孩子的詞彙量。

可以多鼓勵孩子唱兒歌、背古詩和看故事書，經常給孩子講一些能夠啟發心智的小故事，陪孩子看一些有教育意義的相聲、小品，如此不僅能夠讓孩子放鬆心情，還可以讓孩子學習幽默風趣的語言風格。

4. 鼓勵孩子多講有趣的事情

有時候孩子自己經歷了或者遇到了有趣的事情，總是喜歡與別人分享。因此，在孩子有向你表達的欲望時，千萬不要心不在焉，而是要耐心地引導和傾聽，與孩子一起感受其中的樂趣。如果你的孩子有足夠的幽默感，爸爸們可以有意識地引導他們自己編幽默故事，豐富孩子的想像力，幫助他們提升注意力。

5. 學會營造輕鬆的氛圍

如果孩子哭鬧不止，你除了使用一些常規的安撫手段之外，還可以這樣說：「寶貝，你看你哭得跟小花貓似的，小貓咪都要來跟你做兄弟了。」

這樣詼諧有趣的語言會很快轉移孩子的注意力，讓孩子停止哭鬧。

在孩子嘗試著跟你講笑話或者表演一些滑稽的動作時，爸爸也要及時地鼓勵他們，必要的時候給予一些笑聲，增強他們的自信心。

6. 教孩子學會熱愛生活

生活中不缺乏幽默，只是缺乏一雙發現幽默的眼睛。因此爸爸們要學會鼓勵孩子從自己的角度去用心觀察周圍的事物，感悟生活，體會生命的魅力，從而在生活中發現幽默因子，形

成幽默的性格。

幽默不僅是一種生活的調味劑，更代表著一種大智慧，一種豁達的心態。身為父親，不要認為孩子天真無邪不懂幽默，其實孩子很懂幽默。因此，父親要多為孩子創造輕鬆的生活氛圍，讓孩子能夠經常發出天真無邪地笑聲，體會童年的樂趣，讓孩子在幽默中健康成長。

當然，爸爸們在培養孩子幽默感的同時，也不要忽略孩子的個性特點。活潑的孩子和內向的孩子對於幽默感的表現形式有很大的不同，因此爸爸們要學會辨識孩子的幽默感，學會從孩子的幽默中獲得樂趣。

幽默感來源於人們的豐富內涵，隨著閱歷的增加和知識層面的拓寬，人們的談吐舉止自然就會發生很大的變化，因此，這就需要告誡爸爸們對於孩子的幽默感的形成不要操之過急，要耐心地指導孩子豐富的內心世界，激發他的想像力。

▌克服膽怯，該如何培養孩子堅強自信的性格

心理學研究顯示，那些成績卓越的優秀者並非只在智商上高人一等，而且與人的性格特徵也息息相關。而其中最重要的性格特徵就是擁有「堅強自信的性格」。

孩子擁有堅強自信的性格是未來成為合格人才的重要基礎。堅強自信的性格可以讓孩子更加果斷勇敢、自強不息。可以幫助孩子遠離失敗等情緒所帶來的壓抑感，讓孩子始終以一種積

極健康的心態茁壯成長。

因此，家長們應該加強對孩子堅強自信性格的培養，幫助孩子樹立自信心，鍛鍊孩子不畏困難、勇敢堅強的性格。擁有堅強自信性格的孩子勇於冒險，什麼事情都樂意去嘗試，即使受傷也不會掉眼淚；而缺乏堅強自信性格的孩子膽小怕事，不敢跟生人說話，一被批評就會哭，而且生活自理能力較差。

小傑是個小男生，家裡只有他一個孩子，平時全家人都圍著他轉，雖然已經六歲了，但是卻很靦腆，喜歡一個人獨處，見到生人就躲到父母身後，也不喜歡跟同齡的朋友一起玩耍。有時候爸爸罵他幾句，就立馬掉「金豆豆」。這可把爸爸媽媽急壞了，害怕孩子長大後也這麼懦弱膽小。

為了鍛鍊小傑堅強的意志，增強孩子的自信心，爸爸經常帶著他去體育場鍛鍊。有一次，在體育場上好多小朋友都在玩皮球，有的將皮球當足球一樣踢來踢去，有的在拿著皮球投籃，大家相互之間玩得都很帶勁，但是爸爸卻發現小傑一個人站在體育場的一個角落用力地拍皮球，而且還一邊拍著一邊看著場上，想要融入他們，卻又不敢。

於是爸爸就走過去，鼓勵小傑說：「兒子，你真棒，你已經學會拍皮球了，讓那些小朋友過來幫你數數你到底能拍多少個好嗎？」

於是爸爸的一句話，引過來好多小朋友圍觀，大家一起來幫忙數著，「一個、兩個、三個……」漸漸地，小傑越拍越多，

越拍越帶勁，臉上也流露出了自信的表情。就這樣，圍觀的小朋友也加入到拍皮球的遊戲中來，氣氛非常活躍。小傑感受到了自己是活動的主角，自信心也得到了很大的提升。

現代的孩子一般都像案例中的小傑一樣是獨生子女，受到了家人過分的保護，造成了他們內向、膽小的性格，不敢參加有許多人參加的活動。

但是爸爸看到了小傑身上的閃光點，看到了小傑的能幹，於是就抓住機會，鼓勵他在這麼多人面前表現自己，增強了孩子的自信心，同時小傑在這麼多人面前沒有輕易地放棄，也鍛鍊了他堅強的性格。

而且案例中的遊戲也讓小傑更好地融入了群體之中，讓小傑體會到群體的魅力。

可見擁有堅強自信的性格是孩子健康成長的重要部分，會讓孩子成為生活中的佼佼者。家長要想真正有益於孩子的成長，就應該培養孩子養成良好的性格，重視自信心和堅強心理素養的培養。那麼爸爸應該如何培養孩子堅強自信的性格呢？給爸爸們提幾點有效的建議。

1. 給孩子獨立鍛鍊的機會，不要讓孩子事事都依賴大人

如果對孩子過度嬌寵，就快要上小學的孩子還要幫他穿衣、洗臉、綁鞋帶，那這樣的孩子長大以後，能堅持不懈地獨

立完成一件事情嗎？我想答案是否定的。

　　如果讓孩子過度依賴你，他就會精神鬆懈、懶得去獨立思考、沒有主見。所以，爸爸們應該要明白，愛孩子並不是要讓他們事事都依賴你，而是要學會放手，給他們獨立鍛鍊的機會。讓他們單獨活動（當然首先應該確保活動的安全性）、主動與陌生人進行交談，與同齡人交往、獨立完成作業以及自己坐公車上下學等。

　　即便有一定的困難，也要讓孩子獨立去完成，這樣他們才能在憑藉自己的力量克服困難之後，體驗到成功的喜悅，從而增強自信心並變得堅強起來。當然如果你實在不放心，也可以做一個監督者，悄悄跟在孩子後面，保護孩子，但盡量不要上前打擾。

2. 相信和尊重孩子

　　相信和尊重孩子能夠充分激發孩子內在的潛能，從而培養孩子的自信心和處世能力。情商研究專家發現：如果充分信任孩子的能力，就能夠激發孩子的內在力量。因此，爸爸要充分信任孩子的能力，培養孩子自信的品格，讓孩子體驗到內心的自在和快樂。

　　孩子是家庭的重要一員，當遇到與孩子相關的事情時，應該學會徵求孩子的意見，並盡量尊重孩子的意願。大多數爸爸認為孩子還太小，沒有獨立思考的能力，即便徵求了他們的意

見也沒什麼用，或者覺得有些事情沒必要讓孩子知道。但是在遇到事情的時候經常跟孩子商量不僅是對孩子的分析和判斷能力的一種信任，還表現了對孩子尊重。

3. 保持和增進身體健康

　　一個身體虛弱的孩子對自己的身體沒有信心，心情也會不好，必然在遇到事情的時候畏首畏尾，很難發揮積極主動性，也很難培養堅強自信的性格；相反，如果孩子有一個健康的體魄，就必然會更加積極地面對事情和人，要培養堅強自信的性格也相對容易得多。

4. 培養孩子良好的品德和智力

　　一個人品德良好容易受到他人的尊敬和愛戴。知識和智慧會增加人的自信，各種心理特質之間是可以相互影響的，因此，培養孩子良好的品德和智力，能讓孩子的性格變得堅強起來。

　　在孩子的道德品格培養方面，由於祖輩、父輩在價值觀念、歷史觀念、文化素養、道德水準等方面存在不同，對孩子的教育方式、內容以及態度上也存在很大的不同，這時候，爸爸們就應該在其中發揮主要作用，協調各代人在孩子品德培養方面的差異，本著培養孩子良好的品德為出發點，促進孩子身心同步發展。

5. 要求孩子做一些力所能及的事情

比如讓孩子摔跤了不哭。當孩子摔跤的時候，不應該立馬將孩子扶起來，而是應該在孩子的眼淚流出來之前，利用孩子的好強心理，鼓勵孩子說：「寶貝，你這麼勇敢，一定會自己站起來的，不哭啊。」通常情況下，孩子在聽到這樣的話之後就真的咬住牙不哭了。這時候就應該給孩子及時的獎勵，強化效果。當然孩子摔倒了，爸爸也要觀察一下孩子是否受了傷，以免耽誤了治療。

又比如，有的孩子不想去上學，每次送他到學校門口都會嚎啕大哭。

這時候，爸爸應該設法讓孩子去上學的時候不哭，如果他能做到這一點，就給予一定的獎勵，透過這樣耐心地引導，一定可以幫助孩子形成自信堅強的性格。

6. 加強對孩子的挫折教育

人的一生必定會遇到困難和挫折，而關鍵就是如何面對這些困難和挫折。現在的孩子尤其是生活在城市裡的孩子，很少經歷艱苦生活的磨練，雖然這樣的環境有利於他們的順利成長，但是卻讓他們缺少了鍛鍊堅強意志的機會，如果以後再遇到挫折就有可能會無所適從，而父母又不能時時陪伴在他們身邊。

因此，身為父親，應該不失時機地對孩子進行挫折教育，磨練他們的意志，增強他們的自信。讓他們懂得如何應對挫折和困難，從而形成堅強自信的性格。

當一個複雜的問題擺在人們面前需要明確而及時地做出決定時，堅強自信的人，能夠更冷靜、理智地分析問題，做到當機立斷。而性格軟弱、缺乏自信的人往往就會猶豫不決、優柔寡斷，以致錯失良機。由此可見，培養孩子堅強自信的性格對孩子的成長，乃至民族的強大都至關重要。

總之，身為父親，僅僅關心孩子的身體健康和學業是遠遠不夠的，還必須重視孩子的性格培養。要善於把握教育機會，培養他們堅強自信的性格，讓他們將來成為一個有作為的人。

▌讓孩子學會為他人設身處地著想

研究發現，兒童在學齡前，會有很長一段時間是「以自我為中心」的。典型的表現就是孩子習慣把身邊的每一件事物與自己連繫起來，在他的心裡好像自己就是世界的中心。

在心理上他們會表現為，根據自己的意願來判斷自己的需要和情感，理解事物、情景和他人的關係。他們不會在意別人的感受，也不會站在別人的立場上來看待問題。同樣，他們也不會按照事物本身的規律和特點去認識自我。

以自我為中心是兒童早期發展的一個必經階段。孩子在三歲左右，自我意識就開始萌芽，在這一階段，他們以自我為中

心觀察周圍的世界，他們從「自我」的角度進行行為選擇和活動設計。

對於處在學齡前的孩子來講，以自我為中心並不等同於成人階段的自私。隨著孩子生理和心理的不斷成熟，以及接受的教育水準的不斷提升，大部分孩子會擺脫以自我為中心的觀念，他們會慢慢明白，自己在萬千世界中只是一個小小的客體，自己並不是世界的中心。

「以自我為中心」的階段可以說存在於每個人的成長過程中，只是在知識程度和發展速度上有些個體差異罷了。但是如果孩子到了 4 到 5 歲，甚至 6 到 7 歲，還存在自我傾向，這就應該要引起家長們的重視了。

其實在現代社會中有好多學齡兒童，尤其是在獨生子女中，這種以自我為中心的現象較為嚴重，並在逐漸將這一種現象演變成一種「自我中心」的性格。表現在：與同伴交往時，常常擺出絕不妥協的強硬姿態；感情上非常敏感，在家裡十分任性，只要有一點不滿意就大哭大鬧；父母對孩子的勸導也不再有作用，孩子很難再進行自我控制，會經常表現出一些帶有破壞性的反抗行為。

在心理學上將孩子的這種表現稱為「自我中心性格」，這是孩子個性發展的一個危險信號，需要家長格外地重視。

小宇今年 10 歲了，是一名五年級的學生。他聰明好學而且成績優異，他愛好足球並且長相秀氣，是一個一眼看上去就非

常討人喜歡的小男孩。

不管是在家裡還是在學校，他都是眾人關注的焦點。因為成績十分優異，老師讓他擔任班裡的學藝，主要是幫助老師收發作業。

於是小宇總認為自己比別人要高一等，常常對同學指手畫腳，瞧不起成績差的同學，有時候同學來請教他問題，他就罵人家是笨蛋。

班上大掃除的時候，班長安排任務給他，他總是想做什麼就做什麼，想怎麼做就怎麼做，從來不肯聽取別人的意見。再加上他是獨生子，家裡爺爺、奶奶、爸爸、媽媽都圍著他一個人轉，有什麼要求都盡量滿足。這更助長了他囂張跋扈的氣焰。

現在小宇的父母也非常頭痛，因為只要有一點讓他不滿意，他就衝家人亂發脾氣。

其實小宇的例子就是一種典型的以自我為中心的表現。以自我為中心的孩子特別重視自我存在感和自我價值，因此常常忽視他人的存在和感受，他們習慣於以自己的欲望來統治他人，用自我利益淹沒他人利益。

以自我為中心的人對自己應該承擔的責任和義務缺乏足夠的認知，不懂得關心集體和他人，對與己無關的事表現出了冷漠的態度。

孩子以自我為中心的習慣的養成與父母不恰當的教育方式密切相關，因此，要幫助孩子走出以自我為中心的「怪圈」，父

母們就需要掌握科學、合理的教育方式。對於爸爸們來講，具體可以從以下幾個方面借鑑。

1. 轉移家庭成員關注的焦點

現在大多數孩子都是獨生子女，兩代人都在圍著一個孩子轉，很容易溺愛孩子，讓孩子形成以自我為中心的意識，將家人對自己的寵愛視為理所當然。因此，爸爸應該有意識地轉移家庭成員關注的焦點，要將孩子視為一個與家庭中其他成員一樣平等的人，讓孩子能夠獨立成長，這樣的話，孩子才能更好地了解自己和他人。

2. 運用移情法

所謂的移情法就是引導孩子學會設身處地地為他人著想。以自我為中心的孩子不懂得與人分享，不考慮別人的感受，因此，爸爸要運用移情法，引導孩子學會為他人著想。比如說，你的朋友帶著孩子來你家玩，你自己的孩子正坐在沙發上吃蘋果，你就讓自己的孩子去拿一個蘋果給朋友家的孩子吃，但是你的孩子卻不願意。如果這樣的話，你就可以這樣引導他：「你看，小朋友來我們家玩，是我們家的客人，我們應該好好招待人家。如果下次你去別人家裡玩，人家只顧著吃東西而不給你吃，你會開心嗎？」孩子說：「不開心。」然後你就可以接著說：「對啊，所以我們要分給小朋友吃，這樣人家才會開心啊！」

　　透過這樣一個比較，孩子就較願意拿出蘋果跟小朋友分享了。可見，要幫助孩子走出以自我為中心的「怪圈」，離不開爸爸們的認真引導。

　　運用移情法，可以讓孩子在理解他人感受和需求的基礎上，萌發關心他人的情感，進而產生相應的行為。

3. 鼓勵孩子參加集體活動

　　家長為了讓孩子免受傷害而過度地保護和封閉孩子，容易讓孩子失去與同齡人交流和玩耍的機會，也很難讓孩子有了解他們價值的機會。因此，爸爸們應該鼓勵孩子多參加集體活動，讓孩子在集體活動中，體會到經歷艱辛迎來成功的喜悅，體驗與他人合作的意義，從而遠離以自我為中心的「怪圈」。

4. 幫助孩子明確在家庭中的角色定位

　　一般情況下，以自我為中心的孩子大都有以下幾個特徵：不懂得關心家人，不做或很少做家事，總是不斷地向父母提出各式各樣的要求等。針對這樣的情況，爸爸應該明確地告訴孩子：家庭中的每一個成員都應該扮演好自己的角色，家長應該關心愛護孩子，而孩子應該孝敬長輩，家裡的每一件事都應該一起做，好東西也要大家共同分享。這樣，透過從小的教育和培養，孩子就會逐漸養成好的習慣，學會與家人和其他人一起分享。

如果你要求孩子做家事而孩子不聽，你就可以嘗試讓孩子受一些懲罰，比如說讓他餓一會肚子，明確地讓他知道：「你沒有完成你應該要完成的家務，而我們大人也沒有義務替你做飯，所以你只能餓肚子了。」

這樣孩子就會明白，原來沒有完成自己應該做的家務，就會餓肚子，下一次孩子就會乖乖聽話了。

5. 應該多給孩子做正面、積極的影響

孩子年紀小，常常會因為占到小便宜而沾沾自喜，這樣的情況不足為奇。但身為家長應該要讓孩子意識到這種占小便宜的弊端，可以透過講故事、舉例子、玩遊戲等方式，引導孩子學會認識、理解和同情他人，幫助孩子走出自我，走向他人，逐步調整自己的行為，養成良好的與人相處的習慣。

爸爸也要為孩子做好表率作用，做到不占小便宜，學會理解、同情他人，讓孩子在榜樣力量的推動下健康成長。

每一位家長都希望自己的孩子能夠學會獨立自主，能夠自覺、主動地讀書和做事。因此，爸爸們只要引導得當，不僅能夠幫助孩子順利走出以自我為中心的「怪圈」，而且還能讓孩子形成獨立的人格。到那時，爸爸們就可以安心地看著孩子健康成長，體驗為人父的驕傲和家庭的幸福。

▌激發好奇心，培養孩子的學習興趣和探索精神

　　人類幾乎生來就有探索、創新的潛能，孩子幼兒期強烈的好奇心構成了一生中最執著的探索精神，他們利用這種好奇心進行探索創新，勇於嘗試一切新生事物，追求感官和心理上的刺激。

　　雖然對於成年人來講，孩子們的這點探索精神根本微不足道，也不可能與科學家的探索相匹敵。但是孩子從小就養成的這種探索精神難能可貴，他們對一切充滿好奇，從而去探索、創新。從孩子的心理發展特點來看，兒童期正處在創新心理覺醒時期，他們好學好問，求知欲強，完全不受傳統習慣的約束。因此，培養孩子兒童期的探索精神，不僅能夠激發孩子的創新欲望，還能幫助孩子開發智力，促進孩子的健康成長。

　　孩子的探索精神不是與生俱來的，而是透過後天的培養形成的，也就是說孩子是否擁有探索創新的精神，關鍵看父母如何引導。孩子從剛出生時起就對周圍的世界充滿著強烈的求知欲，在他們的內心深處，永遠帶有一種探索和求知的欲望。

　　但是在現代家庭教育中，母親為了讓孩子遠離傷害，處處想要保護孩子，不讓孩子參加任何有危險的活動，處在如此周到的呵護下的孩子必然會更加柔弱、膽小一些。因此，父親在培養孩子的探索精神方面應該發揮更大的作用。父親可以帶著孩子爬山、賽跑，讓他們去學習騎腳踏車，參與修理簡單的家電……培養孩子養成獨立、果斷、勇敢和冒險的精神。父親應

該在孩子探索精神的形成方面扮演好引導者的角色，與孩子一起探索未知的世界，認識和學習新生事物。

教育家陶行知認為，「小孩是再大不過的發明家了」，應該鼓勵孩子多探究，多提問。但是許多父親在回答孩子的問題時卻缺乏足夠的耐心，要麼敷衍了事，要麼不予回答，更有甚者對孩子的問題視而不見，嗤之以鼻。雖然父親的這一做法能夠換來片刻的安靜，但是這樣的行為卻壓抑了孩子的求知欲和好奇心，扼殺了孩子的探索精神。而塞德爾茲在面對孩子提出的問題時，總是很耐心、認真地解答，不像有的父親那樣嫌麻煩。

有一天，塞德爾茲正在與哈塞先生討論關於孩子喜歡提問題的話題，哈塞先生向塞德爾茲抱怨說：「有時候小孩子真的很煩人，整天不停地說，不停地問這問那，我都一個頭兩個大了。」

這個時候，塞德爾茲的兒子小塞德爾茲走了過來，手裡拿了一本達爾文的進化論的少年讀本，這本書裡用較為生動的語言詳細描述了生物進化的過程，書中還附有許多有趣的插圖。

「爸爸，這本進化論裡講到人是由猴子變來的，對嗎？」兒子疑惑地問道。

「爸爸不知道是不是完全對，但是達爾文的進化理論是有道理的。」

「可是如果人是由猴子變來的話，為什麼現在人還是人，猴子還是猴子？」兒子問道。

「你沒看見書中寫的嗎？猴子中只有一部分進化成了人類，但是還有一部分沒有得到進化，因此說沒進化的那些猴子就仍然是猴子。」

塞德爾茲耐心地說道。

「如果這樣的話，那恐怕就有問題了。」兒子懷疑地說。

「有什麼問題？」

「既然是進化論了，那麼所有的猴子都應該得到進化，而不應該只有一部分得到進化。」

「為什麼會這樣說呢？」

「我認為另一部分猴子也應該得到進化，變成一群能上樹的人。」

這時，哈塞先生臉上流露出了一種不以為然的神色，似乎在說：

「我看看你能有多大耐心。」

「那是不可能的，事實上有一部分猴子並沒有得到進化……」塞德爾茲說。

「為什麼呢？」兒子依然沒有放棄這個問題。

於是，塞德爾茲將孩子攬在自己身邊，為他盡力講解其中的原因：「據我所知，有一部分猴子因為某種原因不得不在地面上生存，隨著時間的推移，它們的攀援能力逐漸退化，並慢慢學會了直立行走，在經歷了一段漫長的時期，終於變成了人類，而另一部分猴子仍然生活在樹上，因此沒有得到進化。」

　　「哦，我明白了，可是猴子為什麼要進化呢，當猴子不是更好嗎？可以靈活地爬上爬下。」兒子又提出了自己的另一個疑問。

　　「雖然在四肢和身體上，人不如猴子靈活，但是人的大腦確實最靈活的。」塞德爾茲說道。

　　「大腦靈活有什麼用呢？又不能像猴子那樣從一棵樹跳到另一棵樹上。」

　　「身體靈活是很好，但是僅僅有身體上的優勢還是遠遠不夠的，大腦的靈活才是關鍵，這樣才創造出了我們今天的文明。」

　　「那為什麼要創造文明？」

　　「因為文明代表著人類的進步。」

　　就這樣，兒子的問題一個接一個地紛至沓來，有時候他的許多問題成年人看來非常可笑，也沒有任何的意義，但是塞德爾茲為了不讓孩子失望，竭盡所能地為兒子解答。

　　「博士，你真有耐心，我真的很佩服你。」哈塞先生真誠地說道。

　　塞德爾茲笑了笑說：「其實並不是因為我的耐心比別人好，只不過我比別的家長更能意識到認真回答孩子問題的重要性，因為只有這樣才有助於培養孩子的探索精神，如果你做不到這一點，孩子這種寶貴的品格就會被抹殺。」

　　從上述的案例中可以看出，為了培養孩子的探索精神，無論孩子提出看起來多麼無厘頭的問題，塞德爾茲博士都耐心地

為孩子解答。作為現在家庭教育中對培養孩子的探索精神起著重要作用的父親也應該以塞德爾茲為榜樣，認真對待孩子的問題，激發孩子的創新精神和求知欲，促進孩子探索精神的形成。

探索是孩子學習知識、發展能力的必經之路，培養孩子的探索精神，有利於豐富孩子的精神生活，拓寬孩子的知識面，鍛鍊孩子的意志，培養孩子的特長，開發孩子智力，可以說，培養孩子的探索精神對於孩子的成長有非常重要的意義。

那麼應該如何培養孩子的探索精神呢？

1. 欣賞孩子提出的問題

當孩子就一件事情提出自己的疑問時，爸爸首先應該就孩子勇於提出疑問的行為給予肯定，然後就要為孩子盡力解答疑惑。當自己也得不到答案時，不要因為怕丟臉而不回答，可以告訴孩子：「這個問題爸爸也不知道哎，不如我們一起去查資料吧，看看能不能從書上找到答案。」這樣既可以讓孩子保持對問題的新鮮感而努力去尋找答案，也可以讓父子兩人有更多的溝通機會。

2. 保護孩子的自尊心，鼓勵孩子自己解決問題

身為父親，應該盡力保護孩子在知識、能力和判斷力方面的自尊心，在孩子向你提出疑問時，千萬不要用「你怎麼連這個都不懂」來打發孩子，也不要直接告訴孩子答案，可以運用啟發

式或者鼓勵式的語言，引導孩子說出自己對問題的看法，比如說，你可以這麼說：「我覺得這個問題你是了解的，先談談你的看法。」你這樣說不僅維護了孩子的自尊心，而且他也會自己努力去尋找問題的答案。

3. 和孩子討論問題切忌急於求成

在跟孩子討論問題時，爸爸們千萬不要急躁，要有耐心。不要急著回答孩子「說得好」或者「很好」，因為這種很快的讚揚會讓孩子感覺到你已經失去了耐心。可以在與孩子討論的過程中，這樣回答孩子「聽起來好像很有趣」，「我都沒想到這一點」等，激發孩子想要進一步討論的欲望，讓孩子樂意進行更深地探索。

4. 讓孩子留心觀察身邊的各種現象

孩子對於親身經歷的事情往往印象深刻，因此，與其讓孩子多看書和教育片，不如鼓勵孩子多多留心周圍的各種現象。比如，讓孩子在顯微鏡下觀察自己的手指甲，他就會明白為什麼吃飯前要洗手；讓孩子自己去觀察麵包上長的黴點，要比你費盡心力的給他講什麼是黴要簡單得多。

因此，爸爸要經常鼓勵孩子注意觀察身邊的事物，從而激發孩子的求知欲，培養孩子的探索精神。

5. 和孩子一起做科學實驗

　　爸爸們也可以跟孩子一起做科學實驗，並一同探索科學界未知的奧祕。這樣不僅可以培養孩子的動手能力，幫助孩子獲得知識和經驗，還可以體會到與爸爸在一起合作的快樂。

6. 欣賞孩子的愛好

　　欣賞孩子的愛好和成就是滿足孩子求知欲、培養孩子探索精神的關鍵一環。一般來講，孩子的愛好是心理發展的真實表達，對於這種愛好的追求他們是賦予了極大熱情的，因此爸爸應該支持孩子對於愛好的追求，並鼓勵孩子在愛好方面有更深的發展。

當孩子進入青春期，該如何正確應對叛逆的性格

　　孩子在進入青春期之後，生理上和心理上都會發生很大變化。而孩子在心理上的變化，叛逆是一種常見的現象。如果無法及時處理好孩子的叛逆情緒，不但會影響孩子正常的生活和課業，也不利於孩子正確人生觀和價值觀的形成。

　　研究發現，孩子進入青春期之後，個體思維中純邏輯成分會逐漸減少，而辯證成分則逐漸增多。這就說明他們已經開始學會具體問題具體分析了。他們已有的知識水準和程度以及掌

握的學科的基本結構和基本規律，對於思維基礎的薄厚程度有著密切的關係。

　　他們這一階段心理發展的主要目標就是確認自我認同感。有時候我們經常會遇到這樣的情況：孩子在突然間就變得沉默不語了，也不喜歡與人交流和溝通，對任何事都表現得漠不關心，也不愛出去做運動；孩子在家裡跟父母對抗，在學校裡跟老師對抗；牴觸上學，不按時完成作業；喜歡打架和惡語相向；等等。還有一種孩子，雖然表面看起來不動聲色，很乖巧懂事，但是在背地裡有自己的「小天地」。其實這些都是孩子在青春期得不到自我認同感的表現。

　　孩子在青春期是非常敏感的，他們既想要依賴別人，卻又在標榜獨立。他們習慣以叛逆的方式來尋求自我。他們向父母爭取自主的權利，他們會產生厭學、離家出走、過度虛榮等症狀。而孩子不動聲色的叛逆也會導致憂鬱症和強迫症等症狀的產生。

　　孩子進入青春期後，有了自己的主見，就把父母的囑託和叮嚀當作耳邊風了，甚至有時候還會與父母唱反調，並以此為樂。下面就是幾個青春期孩子叛逆的例子。

　　小偉的例子：

　　小偉今年 16 歲，正在上高一，他國中的時候就在學校裡交了女朋友。上高中後，爸爸媽媽為了拆散這對小「情侶」，可謂是煞費苦心。

到處託人找關係讓孩子轉學，本以為轉學之後就可以相安無事了。但是女孩哭鬧著也讓自己的父母幫忙轉到小偉的學校，否則就要以死相逼。現在雙方家長都拿兩人沒有辦法，只好走一步看一步。

小磊的例子：

小磊今年才上國中，但是卻早已經在學校裡談了好幾個女朋友，而且還經常喝酒、抽菸、去網咖玩遊戲，父母不管說什麼，小磊都聽不進去，依然我行我素。有時候父母說多了，他就以離家出走威脅，現在小磊的父母也不知道應該怎麼辦了。

小麗的例子：

小麗是一名高中生，父母很少給孩子零用錢，但是家裡的錢放在哪裡，父母從來都不瞞著孩子。有一次，小麗自己拿了600多塊買了好幾套衣服，父母為此罵了她，她卻不以為然，還理直氣壯地回應，自己花錢是應該的。

從上面的幾個案例可以看出，處在青春期的孩子的叛逆心理會全方位地表現出來，未成年戀愛、抽菸喝酒、打架、虛榮心強等。因為此時的他們正處在一個「自我階段」，他們渴望由自己掌控世界，實現自己的價值。

他們為了表現自己的個性，只要是父母反對他們做的，他們都去做，父母不喜歡的，他們都喜歡。他們用抽菸、喝酒等他們自認為是成熟象徵的方式，來向世界宣告自己已經成熟，

不希望父母再把他們當孩子看待。

　　雖然步入青春期的孩子這麼叛逆，但是對於他們而言，卻是成長的最佳階段。他們精力充沛、思維敏捷、記憶力強、情感豐富，他們是青春活力的代名詞，這個階段也是心智逐漸成熟的時期，是他們走向成年的過渡階段，也是性意識萌發和發展的時期。但是由於他們在這一階段的心理和生理發育不一致，因此，處在青春期的孩子具有半成熟、半幼稚、叛逆等特點。

　　青春期是孩子心理素養發展的關鍵期，應當引起家長們的重視，對於叛逆的孩子既不能生硬批評，也不能放任自流。身為父親，應該要注意研究孩子的心理和性格，採取有效的措施來引導孩子度過青春期。

1. 認真學習關於青春期的知識，正視孩子的生理變化

　　父親首先應該認真學習與青春期相關的知識，了解孩子在生理和心理上的變化，意識到孩子出現這種變化是一種正常現象，要學會坦然接受，然後尋找正確的方式應對。

　　父親還應該學會站在孩子的角度和立場上來看待和思考問題，與孩子進行交流溝通，並達成共識。

　　青春期也是孩子性意識覺醒的時期，他們對關於性的知識充滿了強烈的好奇心。爸爸對於孩子的這種好奇心不要迴避，也不要感到難堪，可以有意識地看一些青春期生理衛生教育的

書，然後在適當的時候與孩子在私底下交流，也可以跟孩子聊一些自己身體的發展狀況，幫助孩子了解身體結構、生理衛生以及生理需求。

爸爸還要注意引導孩子正視自己生理上發生的變化，讓孩子的性心理知識教育與心理發育同步進行。

2. 給予孩子獨立的空間

處在青春期的孩子雖然在生活上依然需要父母的照顧，在自己的行為管理上也需要父母的監督和敦促，但其實他們內心非常渴望獨立，因此他們就會選擇用與父母作對的方式來爭取獨立。

爸爸應該意識到，處在這一階段的孩子應該要學習獨立和自我管理了。因此，爸爸應該順應孩子成長的需求，學會對孩子放手。對於孩子能獨立完成的事情，就應該試著讓孩子自己去完成，比如說，給予孩子管理自己的機會，讓他自己整理房間，自己規劃讀書和生活中的作息時間等。

3. 放手，讓孩子學會自我管理

當孩子叛逆不聽話，不服從你的管理時，你可以向孩子保證在這件事情上不再管他，但是他自己必須能進行自我管理，並協助孩子制定一個自我管理計畫。

在孩子們剛開始進行自我管理時，由於缺乏經驗，對許多

問題思考得不夠全面、不夠嚴謹，常常會出現失誤。比如說，孩子忘記定鬧鐘、起床晚了、丟三落四忘記帶東西了等。對於孩子在自我管理中出現的失誤，爸爸們要學著去包容。

因為孩子在一次次失誤中獲得的經驗要比你耳提面命的效果都要好。

將管理的權利放給孩子，讓孩子進行自我管理，不僅能滿足孩子對於獨立的追求，緩解緊張的親子關係，還能幫孩子提高自我約束性，促進孩子健康成長，提升孩子的生存能力。

4. 給予孩子尊重和理解

要想幫助孩子平靜地度過青春期，擺脫成長的困境，就需要經常與孩子進行溝通，引導孩子敞開心扉，說出自己的煩惱和憂慮。因此，爸爸應該學會尊重和理解自己的孩子，寬容孩子在青春期的叛逆行為，這樣他們才願意說出他內心的真實想法，並認真聽取你的意見和建議。

無論孩子的想法有多幼稚，爸爸都應該予以鼓勵和尊重。對於孩子的一些不切實際的想法，爸爸先不要急著否定，要耐心地告訴孩子你對他的想法的一些見解，然後再表明你對他的不贊同並講明理由。

當孩子不接受你的意見而一意孤行的時候，你可以放手讓孩子自己去嘗試，讓孩子吃些苦頭，當然前提是你要保證這些事情不會對孩子的成長造成太大的影響。孩子只有在自己摔

了跟頭之後，印象才會更深刻，才會相信你的判斷能力要比他強，這樣他才能心甘情願地接受你的指導和建議。

5. 避免與孩子激烈對抗

孩子在青春期容易產生激烈的叛逆心理，可能說話的時候不分場合而且火氣大。因此，爸爸們要學會控制自己的情緒，心平氣和地去開導孩子，而不是以同樣的方式予以還擊。如果有必要可以請教一些心理專家，學習用開明的方式和理解的心態來解決孩子的問題。

拓展遊戲，性格訓練：
培養孩子的興趣、特長以及探索精神

兒童時期孩子的生長發育都十分迅速，五六歲的寶寶已經可以學習寫字、畫畫，遇事擁有自己的想法，對外界事物表現出明顯的喜惡，性格開始形成。

在這個階段，由於孩子的身心都有很大的發展，家長應該特別重視與寶寶的溝通。而陪伴孩子一起玩遊戲，不僅能增加寶寶自己動手和思考的能力，同時也可以給家長和孩子創造愉悅的交流環境。以下我們介紹的幾種有趣的親子遊戲，都很適合家長與寶寶一起玩。

1. 紙上的彩虹

遊戲目的

透過對自製彩虹的捕捉，指導孩子了解光線的折射，提升孩子的動手能力和對科學知識的興趣。

遊戲準備

不透明的防水袋子一個，大於 1 公分 ×10 公分的小鏡子一面，清水一盆、手電筒各一把，白紙一張，剪刀一把。

遊戲步驟

用剪刀在袋子上剪一個大約長 10 公分寬 1 公分的長方形缺口；然後把鏡子裝進袋子裡，放置在缺口正下方，使鏡面在缺口處露出；之後把裝著鏡子的袋子貼著水盆邊緣放進水裡，使鏡子沒在水面以下；最後，一手拿手電筒照射水裡的鏡子，一手拿白紙在水面之上正對鏡面，讓孩子仔細觀察白紙，就可以發現白紙上出現了一道七色彩虹。

到這裡，遊戲就做完了，家長可以引導孩子探尋彩虹出現的原因，解釋光線折射的原理，激發孩子對知識的渴望。

2. 零食大戰

遊戲目的

透過使用筷子迅速地夾取東西，鍛鍊孩子手指的配合與反應速度。

遊戲準備

筷子兩雙，碗兩個，適合筷子夾取的零食若干，如核桃、花生、豆子等。

遊戲步驟

把一堆零食放在桌子上或者盤子裡，家長和孩子各拿一雙筷子一個碗，一方喊開始後雙方開始往自己碗裡夾零食，全部夾完時結束，然後數數兩個碗裡零食的數量，數量多者勝出。遊戲結束之後所有零食歸贏家所有。

3. 奇妙的冰塊

遊戲目的

透過簡單的實驗，讓孩子切身感受科學的神奇，引發對知識的嚮往。

遊戲準備

水杯一個，可放入水杯的冰塊一塊，細繩一根，食鹽一撮，零度以下的環境。

遊戲步驟

這個實驗需要在能結冰的環境裡做，必須是冬天的室外或者在冰箱的冷凍庫。首先，把冰塊放在水杯裡，讓孩子拿著繩子的一頭，另一頭放在冰塊上。然後，在冰塊上繩子的周圍撒

鹽，讓孩子觀察冰塊的變化。繩子周圍的冰塊會慢慢融化，繩子就泡進了水裡，再過一會水又結成冰，這時候讓孩子把繩子提起來，就能發現繩子就凍在冰塊裡面了。

4. 自製滅火器

遊戲目的

從簡單的滅火開始，引導孩子推開化學的大門。

遊戲準備

水杯一個，蠟燭一支，打火機一個，小蘇打與食醋各少許。

遊戲步驟

用打火機把蠟燭點燃，把燃燒的蠟燭放置在一個水杯底部，然後加入小蘇打和食醋，讓孩子仔細觀察接下來發生的事情。因為小蘇打和食醋混合會產生大量二氧化碳，而二氧化碳是不可燃氣體，所以孩子會發現杯子裡瞬間產生了大量的泡沫，同時蠟燭熄滅了。

遊戲小知識在杯子裡，小蘇打和醋發生了化學反應，產生出二氧化碳氣體，冒出的泡沫就是由於無數含有二氧化碳的小氣泡組成的。

由於二氧化碳是不可燃氣體，當它們包圍在火焰周圍時，會阻隔氧氣，火焰無法再燃燒而被熄滅。

5. 摸到了什麼

遊戲目的

透過讓孩子觸摸不同的物體，加強孩子對形狀、材質等觸覺的感受和辨識能力。

遊戲準備

不透明的袋子一個，各種孩子熟悉的小玩具和水果蔬菜等。

遊戲步驟

把準備的小東西通通裝進袋子裡，讓孩子把手伸進去摸，摸到什麼東西形容一下它的觸感，猜猜是什麼東西，猜完了取出來看看對不對，之後再摸下一個，家長還可以幫助孩子將取出來的東西一一分類，分別放置。

6. 氣功大師

遊戲目的

透過手工模型的製作和神奇的遊戲效果，進一步鍛鍊孩子的手指靈活性、培養孩子的耐性和對科學的興趣。

遊戲準備

輕薄的白紙一張，剪刀一把，削尖的鉛筆一支。

遊戲步驟

將白紙裁成邊長4公分的正方形，然後將正方形紙片沿兩條對角線折疊一次，折成一把小小的傘面，用鉛筆的尖頭頂在小傘的中心，讓孩子一手豎直握著鉛筆，另一隻手掌心朝內貼近小傘，然後仔細觀察，一會之後，掌心的溫度會使小傘周圍的空氣受熱流動，小傘就在鉛筆上緩緩轉動了，看起來就像孩子發氣功使小傘轉動一樣。

7. 反義詞比賽

遊戲目的

透過快節奏的遊戲，讓孩子熟練掌握反義詞，並且加快反應速度。

遊戲準備

寫有簡單詞彙的字卡數張，詞彙難度和字卡張數隨孩子掌握程度而異。

遊戲步驟

把字卡反扣在桌子上，家長與孩子分坐兩邊，雙方用猜拳決定先後，贏了的人隨機翻一張字卡，說出字卡上詞的反義詞，說對了就繼續猜拳進行下一輪，說錯了就由另一方來說，然後進行下一輪，最後看雙方誰翻的字卡最多，誰就最終贏得了這場遊戲。家長還可以事先準備豐厚的獎品來增加孩子的興趣。

8. 自動小船

遊戲目的

透過自己動手製作模型和對實驗結果的探索來鍛鍊孩子的動手能力和科學思維方式。

遊戲準備

塑膠泡沫板一塊，裝滿水的水盆一個，肥皂一塊，剪刀一把。

遊戲步驟

家長指導孩子自己動手，用剪刀在泡沫板上裁下薄薄的一片，然後用這個薄片裁出兩艘小船，在小船的尾部各裁一個小口。在一艘小船的開口處塗抹少許肥皂，另一艘不做處理。將兩艘小船放在盛滿水的盆裡，讓孩子仔細觀察小船，過一會，抹在船尾的肥皂在水中化開，破壞了周圍水的表面張力，水分子向右後方運動，這艘小船就自動往前開走了，而另一艘小船則停在原地沒有動。

第四章　性格決定人生，掌握孩子的特點

第五章

逆商教育，
讓孩子在挫折中學會堅強與勇敢

▌逆商（AQ）：讓孩子在逆境中磨練意志力

1. 逆商的定義

現在除了智商和情商外，社會上又出現了一種新的概念，即逆商。智商（IQ）、情商（EQ）、逆商（AQ）並稱為3Q，是成功人士必備的重要因素。甚至在社會上還流傳著這樣一個等式：100％的成功＝20％的IQ＋80％的EQ和AQ，這充分展現了AQ的重要性。

逆商（AQ）全稱為逆境商數，由美國職業培訓師保羅·史托茲（Paul Stoltz）提出。意思是指人們在面對挫折逆境時的反應方式，簡而言之，就是一個人克服挫折、擺脫困境的能力。

2014年號稱史上最難就業季，許多大學生在畢業後紛紛選擇了自主創業。有調查顯示，在社會競爭愈演愈烈的今天，大學生創業成功的關鍵除了擁有強烈的創業意識、熟練的專業技能和出色的管理能力之外，還要有勇於面對挫折、克服挫折的勇氣和能力。因此，父親要加強對孩子逆商的培養，讓孩子在

逆境面前能夠臨危不懼，及時迅速地做出反應，增強孩子的意志力和勇於克服困難的勇氣。

逆商不僅可以展現一個人克服挫折的能力，還可以展現出一個人超越挫折的能力。實驗證明，如果遭遇同樣的打擊，AQ 高的人產生的挫折感低，而 AQ 低的人就會產生相對強烈的挫折感。

2. 逆商的重要性

心理學家認為，一個人要想獲得成功，就必須具備高智商、高情商和高逆商這三個重要因素。在兩個人的智商相差無幾的情況下，逆商的高低將會對人的成功起著決定性的作用。

高逆商的人可以擁有較高的生產力和創造力，可以使人保持健康愉悅的心情。研究顯示，高逆商的人在經歷了手術後恢復得較快，銷售業績也遠遠超出低逆商的人，同樣，高逆商的人得到升遷的機會也較多。

高逆商不是生來就有的，而是經過後天養成的，因此，父親們應該重視對孩子的逆商培養，提升孩子的抗挫折能力。

3. 逆商的分類

保羅・史托茲教授將逆商劃分為四個部分，簡稱 CORE。

一、Control（控制感）：就是指對周圍環境的信念控制能力或者說對逆境的控制能力。

在遇到挫折時，控制感弱的人只會逆來順受，聽天由命；但是控制感強的人則會相信人定勝天，並不斷努力改變自己的命運。

二、Origin & Ownership（起因和責任歸屬）：指逆境發生的原因和願意承擔責任的情況。

一般逆境發生的原因可以分為兩類：一類是內因，是由於自己的疏忽、無能等情況造成的，通常會表現為自怨自艾、意志消沈；另一類是外因，是由於他人、外界，或者時機等不能歸咎於自己的原因造成的。

三、Reach（影響範圍）：挫折帶來的負面影響所能延伸的工作和生活的其他方面。

逆商高的人會將在某一範圍內陷入困境所帶來的負面影響控制在這一範圍內，並竭盡所能地將負面影響降到最低程度。

四、Endurance（持續時間）：意識到挫折的持續時間以及挫折對個人影響的持續時間。

逆境將持續多久？逆境對個人造成的影響能持續多久？逆商低的人，會認為逆境將長時間持續，這樣他們將很難從挫折的陰影中走出來；而逆商高的人則會認為只要不畏懼挫折，挫折會很快過去，從而保持一種積極樂觀的心態，更好地面對和克服挫折。

4. 如何培養孩子的逆商

在面對逆境時，如果選擇了放棄，就意味著選擇了失敗。為什麼有些人為了實現自己的理想努力拚搏過，但是最後收效甚微呢？原因就在於他們在實現理想的過程中遇到了困難，在困難面前，他們選擇了放棄和逃避。這種消極的應對方案不僅不能夠解決實際的問題，反而會讓你陷入更大的困境和絕望之中。

在追求成功的道路上，很多人都缺乏面對逆境的正確態度，他們過著得過且過的生活，時刻告訴自己：「這樣就夠了。」他們為了求得心理安慰，極力為自己尋找放棄和逃避的藉口，自認為只要知足常樂就能輕鬆愉快地生活。但是時間會證明，現在的選擇導致以後要付出更大的代價來彌補。只有那些勇於面對逆境、不為艱難的人，才能獲得成功。

人的一生總要經歷多種挫折才會變得圓滿，因此，身為父親，你應該幫助孩子正視挫折，以積極的心態和有效的手段來應對挫折，具體來講主要有以下幾種方法。

(1) 自我激勵法

自我激勵法就是讓孩子激勵自己養成良好的品德和習慣，這一方法不僅可以幫助孩子培養良好的道德品格，還能讓孩子養成獨立思考的好習慣。

指導孩子運用自我激勵法要注意以下幾點。

一、讓孩子正確地認識自我，了解自己的優缺點。父親可以引導孩子自己分析自身的優缺點，一方面可以讓孩子找到自身的閃光點，增強自信心；另一方面可以讓孩子透過了解自身缺點，找到今後努力的方向，使自己變得更優秀。高度的自信和自我激勵會讓孩子變得更勇敢，能使孩子更好地面對和克服挫折。

二、讓孩子學會自我約束。要將一件事情做好，其中必然會遇到許多挫折，而父親要做的就是鼓勵和引導孩子控制自己的情緒，激發孩子的鬥志，讓孩子以積極的態度來應對挫折。

三、培養孩子的自尊心和上進心。孩子的自尊心和上進心都很強的話，孩子的潛能就能被最大限度地發揮，使孩子朝著更好的方向發展。

由於孩子年齡較小，僅僅靠孩子的自我激勵，就把事情做成功是很困難的，因此，父親在必要時要給予孩子一些有意義的指導和幫助。

(2) 尋找榜樣法

都說榜樣的力量是無窮的，如果在培養孩子逆商的時候，為孩子尋找一個榜樣，那麼對於孩子逆商的提升將大有裨益。

「父母是孩子的第一任老師」，而父親更是孩子心目中的英雄，因此父親在培養孩子的逆商中起著舉足輕重的作用。有的父親可能會覺得自己並沒有做出什麼重要的成就，能做好表率作用嗎？請不要忘了，父親們在工作中兢兢業業、勤勤懇懇的

工作態度，對待生活積極樂觀的心態，以及對孩子無微不至的關愛和付出，隨時都在影響著孩子，孩子們會跟隨爸爸們的腳步一步步慢慢成長起來。

當然，父親也可以為孩子從身邊同齡人中尋找榜樣，讓孩子在你追我趕中獲得成長。

除此之外，還可以經常跟孩子講一些勵志的小故事，讓孩子認識一些勇敢、有毅力、堅強的人物，從中獲取力量。

(3) 有意吃苦法

隨著經濟水準的不斷成長，人們的生活品質也得到了提升，許多孩子在優越的生活環境下長大，很少有人知道「吃苦」為何物，因此，父親們可以有意讓孩子們多吃點苦，磨練孩子的意志，提升孩子獨立自主的能力。

可以經常帶著孩子去參加體育鍛鍊，這樣不僅可以增強孩子的體質，還可以幫助孩子提高心理承受能力。此外，讓孩子平時上下學的時候自己搭公交，暑假參加夏令營等，也是種不錯的鍛鍊方式。

「有意吃苦法」的運用要在確保孩子的身體健康不受損害的前提下進行。如果擔心孩子意志力不夠，父親可以參與監督，孩子如果堅持不下去，可以稍微採取一些「特殊」的手段。

（4）競賽法

有時候你可能會在生活中碰到這樣一類人，你如果讓他單獨完成某件事情，他就會無限制地將事情延後，或者乾脆直接放棄；但如果你能讓他知道，有很多人都在做這件事情，就有可能會激發他的鬥志和好勝心，從而去積極主動地完成。

造成這種現象的原因就在於每個人都不想承認自己是失敗者，特別是青少年，好勝心特別強，父親可以適當運用孩子的這一心理，運用競賽法激發孩子的鬥志，激勵他們不輕言放棄。

競賽的方法有很多，可以讓孩子與同學競爭，也可以讓孩子與父親競爭。比如孩子剛開始學習英語，你為了讓孩子能更加用心，可以與孩子比賽一起學，看看誰學得快，學得多。這樣不僅可以激起孩子的好勝心，也可以提升自身的素養。

▋幼年時期該如何進行挫折教育

蘇聯教育家馬卡連柯（Антоóн Семёнович Макáренко）曾經說過，對孩子進行合理而恰當的懲罰教育是合理且非常有必要的。這裡所講的「挫折教育」就是指讓受教育者在受教育的過程中遭遇挫折，進而激發受教育者的潛能，達到使之掌握知識的目的。如果孩子能夠在幼兒期經歷過挫折教育，那麼對於培養孩子的堅強意志來說將大有裨益。

心理學研究顯示：孩子的隨意性活動占主要地位。因此，

為了增強孩子的意志，鍛鍊孩子面對困難、克服困難的勇氣和能力，父親要時時更新自己的教育觀念，加強對孩子的挫折教育。比如說，孩子摔倒了，先不要忙著去扶他，要在旁邊慢慢引導孩子自己爬起來。雖然這看似是一件小事，但是這對於孩子堅強意志的養成有非常重要的意義。

1. 挫折教育的四個階段

　　對孩子進行挫折教育，不是靠一句話、一堂課就可以完成的，必須要分階段循序漸進地進行。

　　第一階段：培養孩子的責任感。

　　適用年齡：0 到 1 歲，低幼階段。在孩子剛出生的時候，父親就應該做好對孩子進行挫折教育的準備了。父親應該給這個階段的孩子無微不至的照顧和呵護，與孩子建立和諧融洽的親子關係，讓孩子感受到家庭的溫馨和家人的關愛，為以後與孩子進行有效地溝通打下堅實的基礎。

　　第二階段：培養孩子的生活自理能力。

　　適用年齡：1 到 3 歲，幼兒階段。處在這一階段的孩子已經可以自己站立或者行走了。這時候父親就不要經常抱著孩子或者幫著孩子學邁步了，可以在確保孩子所處周圍環境是安全的條件下，放手讓孩子去獨立完成站立或行走。孩子在發展動作的同時心理也在不斷成熟。在孩子稍大一點的時候，可以讓孩子嘗試自己去料理自己的生活，在這一過程中，孩子不僅可

以提升生活自理能力，還能增強自信心，鋪好自己未來成長的道路。

第三階段：培養孩子心理的獨立性。

適用年齡：3 到 5 歲，幼稚園階段。現在許多家庭教育中，父親經常教導孩子要學會助人為樂。在日常的生活中，父親也一直在奉行著這一良好風尚，只要孩子會遇到困難，就伸手去幫一把。

但實際上有些需要孩子獨立完成的事情，父親卻給予過多幫助的話，孩子就會產生依賴心理，以後再碰到類似的事情，他就很難獨立完成了。

因此，只要孩子感興趣並且樂意挑戰的事情，父親就應該鼓勵他去獨立完成。

第四階段：培養孩子解決問題的能力。

適用年齡：5 到 6 歲，學前階段。處在這一階段的孩子已經開始踏入校園大門，在學校中，孩子接受的是傳統的教育模式，主要是培養孩子的數理邏輯和語言表達能力。但這對於孩子的成長來講還遠遠不夠，父親要加強對孩子求知欲的培養，培養孩子養成獨立思考的習慣。

經常有父親向筆者抱怨說，本來自己工作壓力就很大，但是孩子總喜歡打破砂鍋問到底，碰到什麼都喜歡問為什麼，搞得自己心很煩，不知道該怎麼辦。其實這說明孩子在獨立思考，這時候父親要表現出極大的耐心，認真地為孩子解答，即

便答不出來也不要覺得丟臉，可以跟孩子一起去查閱資料，共同尋找答案，這樣不僅可以加深孩子的印象，還可以增進父親與孩子之間的感情。

2. 挫折教育中父親易犯的兩個錯誤

(1) 沒有幫孩子總結失敗的原因

孩子在參加學校的足球比賽時輸了，看著獲勝的小朋友在領獎臺上笑逐顏開，沒有獲獎的小孩子都在臺下不說話，坐在觀眾席上的爸爸們表情也很嚴肅。後來有一個孩子哭了，其他沒有得獎的小朋友也跟著哭了起來。面對這樣的場面，爸爸們坐不住了，只能跑到孩子面前細聲安慰孩子：「沒關係，輸就輸了，那些人還不如我踢得好呢。」

孩子因為比賽輸了而哭，既是一種情緒的宣泄，也是一種爭強好勝的表現。這時候父親不能安慰孩子「沒關係，輸就輸吧」，這樣不僅沒有達到安慰孩子的目的，還會讓孩子滋生一種無所謂的心態。因此，父親應該學會幫助孩子總結失敗的原因，讓孩子找到自身的不足，這樣孩子才能獲得成長。

(2) 把想法強加給孩子

在有家長到場的公開課上，孩子本來並不想發言，但是回頭看到自己父母緊皺著眉頭，期望地看著自己，孩子不得不勉強舉起手。

　　因此，父親應該首先轉變自己的觀念，不要把你的想法強加給自己的孩子，要提供更多的選擇機會給孩子，給他去做自己感興趣的事的自由，激發孩子的抗挫能力。

3. 父親進行挫折教育的方法

　　在現代家庭教育中，父親已經成為教育孩子的主力，在對孩子進行挫折教育時，父親應該認知到幼兒期是孩子個性養成的關鍵期，讓孩子品嘗一些生活的苦難，懂得在挫折中獲取經驗，有利於幫助他們養成吃苦耐勞的精神，提升獨立自主能力，增強克服困難的勇氣。

　　要知道對孩子的挫折教育是貫穿於日常的生活細節中的。比如說，如果孩子摔倒了，父親可能會趕緊跑上前扶起孩子，並對孩子說：「是這個地面不好，讓我們寶寶跌倒了。」

　　如果你這樣告訴孩子，孩子就會將自己的摔跤歸結於外部原因，從而不能正確地認識和面對挫折。因此，父親應該做的就是幫助孩子找到產生挫折的原因和應對挫折的辦法，比如可以告訴孩子「走路的時候注意腳下才不會跌倒」。

　　身為父親，應該學會放手，大膽地讓孩子去嘗試自己感興趣的事，哪怕受傷，哪怕失敗，你也要讓孩子自己去體驗挫折，自己去學會成長。同時你還要讓孩子知道，你永遠是他的堅強後盾，永遠會在背後默默地支持他。

　　父親還可以人為地創設一些情境鍛鍊孩子的抗挫能力。鼓

勵孩子參與各種活動，讓孩子在活動中學會面對和克服困難。學會從挫折中受到教育，培養他們吃苦耐勞的精神和獨立自主的能力。

父親要有勇於讓孩子接受挫折的勇氣和引導孩子走出挫折的耐心。據統計，目前中小學生存在的心理疾病中，有30%是因為孩子在幼年時期經歷挫折的時候沒有得到正確的引導，這些孩子在遇到挫折的時候通常會表現為情緒低落、消極，並試圖逃避挫折。

為了讓孩子們能夠正視和解決困難，父親要幫助孩子體驗克服困難的喜悅，增強孩子的自信心。除此之外，還要讓孩子明白，遇到困難之後就一味地逃避，是不能解決問題的，只有用合理的手段來克服困難，以後才能夠不懼怕困難。比如說孩子個子很小，經常受到同學的嘲笑，你可以這樣安慰他：「個子小怎麼了，濃縮的都是精華，我們要比他們更聰明。」

人在一生中總要經歷無數次的磨難，只有讓孩子從小就接受這樣的訓練，長大後才能更堅強地面對一切。

在這裡需要特別提醒的是，父親在對孩子進行挫折教育，創設困難情景的時候也要注意幾個問題。

(1) 注意適度和適量

為孩子創設的困難情景既要有一定的難度，能夠引起孩子的挫折感，又要讓孩子可以透過努力來克服。同時不要讓孩子一下子面臨多個挫折。

適度且適量的挫折能夠讓孩子自己調整心態，正確地選擇應對的辦法，從而克服困難，體驗成功的愉悅；而過度的挫折則有可能會挫傷孩子的自信心和積極性，從而對困難產生恐懼感。

(2) 及時鼓勵

當孩子遇到挫折想要退縮時，父親要及時給予孩子鼓勵。要讓孩子明白，人在一生中會遇到很多挫折，而關鍵就是正確地認識和對待它們，然後一鼓作氣努力向前，這樣最終才能戰勝挫折。

(3) 對於被挫折挫傷的孩子要及時進行疏導

如果孩子無法及時從受挫的陰影中走出來，將有可能影響孩子以後的健康成長。因此，在孩子克服不了挫折的時候，父親可以幫助孩子一起分析受挫的主、客觀原因，找到失敗的根源。必要的話，可以幫助孩子一步步實現目標，讓孩子知道只有一步步戰勝困難，才能逐漸向成功邁進。父親在平時要善於觀察孩子的活動，掌握孩子的動向，在孩子確實需要幫助的時候，及時伸出援手。

(4) 多給孩子一些與同伴交往的機會

孩子在與同齡朋友交往的過程中會發現別人與自己的不同，從而能更好地認識自己和他人，克服以自我為中心的壞習慣。通常情況下，孩子在同伴群體中會遇到一些挫折，例如與

朋友鬧矛盾，被迫屈從於被領導的地位等，他必然會在這種矛盾和摩擦中學會如何與人相處，學會如何確保自己在同齡人中的地位。這樣不僅有利於提高孩子的抗挫能力，還有利於激發孩子的合作意識，更好地克服困難和挫折。

如何讓孩子內心更堅強

隨著人們生活水準的不斷提升和教育觀念的不斷更新，父母們開始關注孩子的心理健康，為了不讓孩子的心靈受到傷害，父母們不捨得讓孩子受一點委屈，並且重視對孩子的誇獎和賞識，但是這樣對孩子來講到底好不好呢？如果孩子一直生活在父母的羽翼之下，沒有遇到過任何挫折，孩子的心靈就會變得更加脆弱，一旦有一天父母再也不能保護孩子了，有人傷害了孩子的心靈，那他能承受住嗎？

有的父母唯恐孩子在外面受到委屈，一旦孩子回家哭訴說老師的不公待遇或者受到同學欺負時，家長就有些坐不住了，要麼去學校找老師投訴，要麼就去孩子的同學家裡評理……

父母對孩子的維護和關愛我們可以理解，但是父母在為孩子討公道之前考慮過自身的原因嗎？因此，作為一家之主的父親，在碰到孩子受委屈的時候，不要盲目衝動地將責任歸咎到別人身上，而是首先應該幫助孩子調整好自己的情緒，然後再反省一下是不是自己在教育孩子的方式上出了問題，最後再想辦法積極地解決問題。

　　有一次筆者在一所學校門口就遇到過這樣一件事，兩方學生家長在學校門口大打出手，甚至連雙方的爺爺奶奶也加入到了戰鬥中來，周圍還圍了一圈「觀眾」，那麼到底是什麼原因造成了這場聲勢浩大的打架事件呢？

　　後來經過詢問旁邊的人才知道，原來就是兩個小孩在學校裡打了架，後來告訴了家長，家長就跑到學校替孩子來爭理，於是就造成了目前這種狀況。這本來就是小孩子之間鬧的小矛盾、小摩擦，但是因為家長們都護子心切，沒有事先做一下自我檢討，就將責任推到對方孩子身上，這樣雙方不打架才怪！

　　家長們如此地「護犢子」，孩子們會怎麼想呢？他們會認為自己受了委屈就應該得到父母的支持，反而不去檢討自身的原因。於是很多孩子即使在理虧的情況下，也依然意識不到自身的錯誤，反而覺得無論如何自己都不能吃虧。俗話說，「吃虧是福」，只有吃一點虧，才能讓孩子反思自己，並從中吸取經驗教訓。這樣即便以後孩子再吃虧，只要自己理不虧，心中也會是坦然的。

　　孩子總是要學會成長的，因此，父母要學會對孩子放手，大膽的讓孩子去嘗試，即便失敗和受傷，也要讓他學會承受，此時的「絕情」才是真正地愛孩子。

　　在課堂上老師提問學生，提問了三個同學，前兩個同學都沒有回答上來，於是老師對第一個學生和第二個學生說，你們怎麼不會回答，肯定是上課沒好好聽講！

　　後來下課後，第二個學生跑到老師的辦公室，對老師說，我是不會回答，但我聽課了，但你為什麼說我沒聽課！說完後，這個學生就從窗臺邊跳了下去，悲劇就這樣釀成了。

　　老師的判斷可能出現了失誤，但這樣的失誤不管是在老師教育學生，還是家長教育孩子的過程中都會經常發生。比如說，父親因為誤會了孩子，對孩子進行了批判教育，這應該是一種很常見的現象，因此，我們不應將問題的癥結放在老師身上，我們應該看到我們孩子的心靈是多麼的脆弱。僅僅因為老師的錯誤判斷就用自己的生命去證明，值得嗎？這樣的孩子是如何成長起來的？難道一直將他們放在溫室裡培養嗎？這樣經過重重保護的孩子如何能夠經得起風霜？

　　其實父母對孩子的這種保護我們能夠理解，很多家長在育兒書中看到：家長們要多誇獎孩子而不是責備孩子。於是一旦有人責備了孩子，家長就會擔心這樣會不會傷害孩子的自尊心呀？孩子會不會從此變得一蹶不振啊？

　　這樣其實是家長走上了另一個極端，就是對孩子「太好了」，即便孩子做得不對，家長也要先用笑臉相迎，然後用一些較委婉的語句來提醒孩子，長此以往，孩子的心靈就會變得越來越脆弱，以至於聽不得別人對他說不，就算是父母要教育孩子，也要用溫和的方式才行。如果這樣想，父母教育子女也確實不容易，一方面要讓孩子意識到自己的錯誤，另一方面還要不傷害孩子脆弱的心靈。

但實際上批評和打擊是孩子成長過程中必須要經歷的，如果孩子遇到挫折，身為父親，你應該首先幫助孩子找到挫折產生的原因，比如說孩子在學校裡受到老師的批評，你就應該告訴孩子受到老師的批評是成長過程中必須要經歷的事情，然後幫他分析為什麼會受到批評，如何做才能受到老師的歡迎。只有經過挫折的磨練，孩子的心靈才會變得更加堅強，在挫折面前才能無所畏懼。

為了讓孩子健康成長，父母都盡量為孩子提供一個優越的生活條件，盡可能地滿足孩子物質上和精神上的需求，但是這樣真的有利於孩子的成長嗎？

有一個農場主，他擁有一個很大的農場，農場上長著各式各樣的莊稼。農場主每天都會讓孩子在農場裡辛勤地工作，為莊稼施肥，為莊稼澆水……

有一天農場主的朋友來農場看這位老朋友，看到他的孩子這麼辛苦，於是就對農場主說：「你不必讓孩子這麼辛苦，莊稼也能長得很好。」

農場主笑了笑回答說：「我又不是在培養農作物，我這是在鍛鍊我的孩子。」

原來培養孩子，就是要讓他吃點苦頭。

在日本的一家動物園裡，有一個專門飼養猴子的專業飼養員，但是他餵養猴子有一個特點，那就是從來不會將食物好好地擺在一個地方，而是將食物放在樹洞裡，猴子很難輕易吃到食物。

　　但是正因為不容易得到食物，猴子反而每天都會竭盡全力地去夠食物，後來經過長時間的琢磨，猴子學會了用樹枝伸到樹洞裡夠食物。

　　有人看到了，感到很奇怪，就對飼養員說：「你怎麼這樣餵猴子呢？」

　　飼養員卻說：「這種食物猴子是不喜歡吃的，平時你如果將食物放在牠眼前，牠連看都不會看，更不會去吃了。所以我才想到了用這個辦法去餵牠，只有讓牠費了很大的力氣得到，牠才會吃。正是因為很難得到，牠才會更加珍惜。

　　飼養員為我們描述了一個人生中的真理，只有努力去得到的東西，才會去加倍珍惜。

　　從上面的故事中，我聯想到了現代許多父母教育孩子的方式，家長們花費了大量的時間、精力來陪孩子，當孩子的專屬保姆，為孩子操碎了心，但是孩子卻變得越來越自私、懦弱和蠻橫。

　　現代許多家庭中「望子成龍」、「望女成鳳」的觀念可以理解，但是為了讓孩子成為「龍」、「鳳」就無節制地滿足孩子，最終孩子卻被培養成了「蟲」。

　　同時，優越的生活條件和父母對孩子過分溺愛的教育方式不僅使孩子養成「衣來伸手，飯來張口」的壞習慣，還讓孩子失去生活的能力和獨立自強的信心。不論碰到什麼困難和挫折，他們都會想到有父母在保護自己，長此以往，孩子想要積極進

取的奮鬥精神也會慢慢被扼殺，心理承受能力也會越來越弱。

因此，加強對孩子的挫折教育就成了現代父母必須要掌握的一門課程。那麼對於父親來講，如何對孩子進行挫折教育，才能讓孩子的心靈更加堅強，從而遠離更多的傷害呢？

具體來講，可以從以下幾個方面進行。

1. 該碰的釘子就應該讓他碰

孩子初來世上，年幼無知，少不更事。父母為了讓孩子少受傷害，將孩子放在溫室中，細心地呵護。父母這樣做，就好比給剛出生的魚兒套上救生圈，這樣的魚兒是永遠也學不會游泳的。因此，在適當的時候，父親應該「狠」下心來，果斷地將孩子放在室外，讓他經歷風霜的洗禮和痛苦的磨難。

2. 該繞的彎路就應該讓他繞

要想獲得成功，就必須經歷一些挫折和磨難，但是現代許多家長為了讓孩子免受苦難的折磨，早早地為孩子安排好人生。這樣的孩子比起普通人來，心靈更脆弱，更經不得別人的否定和拒絕，受不了生活的磨難和壓力。

因此，在孩子想要做成某一件事情的時候，父親不應該為了讓孩子少走彎路就走在孩子面前為他們打通道路。應該學會放手讓孩子自己去經歷，去嘗試，這樣孩子才會變得更加堅強。

3. 該受的苦就應該讓他受

只有讓孩子了解到幸福來之不易，他們才會加倍珍惜。因此，適當的時候讓孩子吃點苦頭是很有必要的。

4. 該動的腦子就讓他動

孩子有自己的思想和思維模式，因此，在孩子遇到困難的時候，父親先不要急著幫孩子出主意，要給他們獨立思考的空間，這樣不僅可以鍛鍊他們的獨立應變能力，還可以讓他們體驗生活的艱辛，幫助孩子健康成長。

▌成長勝於成功，經歷失敗是成長的一部分

「失敗是成功之母」，也就是說每個人在成功之前都要經歷多次失敗。

但是在現代家庭教育中，許多父母為了防止孩子因犯錯而受到傷害，就對孩子的事情大包大攬。但是父母們有沒有想過，孩子總是要長大的，等孩子長大，父母變老之後，父母能夠為孩子做的事情就越來越少了。因此家長要學會放手讓孩子成長，讓孩子擁有經歷失敗和挫折的機會。

孩子在成長過程中總要經歷一些失敗和挫折，但是這對於孩子來講是一種財富，是一種成長的動力。只要他們能儘早體會到失敗的滋味，就能更快地學會成長，而父母要做的就是在

孩子背後默默地支持他們，給予他們理解和安慰。

在海邊有一個小漁村，村裡的漁民們都以打魚為生，其中有一位漁民非常善於捕魚，每次出海打魚都能滿載而歸，被村裡其他漁民尊稱為「漁王」。

隨著漁王一天天變老，漁王也有了自己的煩惱。因為，雖然他捕魚技術很高，但是他的三個兒子的捕魚技術卻都很一般。於是他逢人就說：「我真搞不懂，為什麼我捕魚技術這麼高，我的兒子卻這麼差？我從他們開始懂事的時候就不斷傳授捕魚的技術給他們，教他們怎樣織網才能捕到最多的魚，怎樣划船才最不會驚動魚群……等他們長大後，我又教他們怎樣辨識潮汐和魚汛……我把我這麼多年累積的經驗都傳授給了他們，可他們的捕魚技術卻比不上普通漁民的兒子。」

於是有人聽了他的訴苦就問他：「你一直是手把手地教他們嗎？」

「對啊，為了讓他們能學到一流的技術，我一直很耐心很仔細地教他們。」

「他們一直都跟在你後面嗎？」

「對啊，為了讓他們少走彎路，他們一直跟在我後面學。」

那個人笑了笑說：「這就是原因所在，你只教給了他們技術，卻沒有給他們獲得教訓的機會，要想學習一門技能，沒有經歷過失敗，沒有獲得過經驗，就不能獲得成功。」

故事中漁王只教給了孩子捕魚的技術，卻沒有讓孩子嘗試

過自己捕魚，這樣不論漁王傳授給孩子多高的技術，孩子的捕魚技術還是很平庸。

這其實也影射了現代家庭教育中很多父母教育孩子的方式，他們為了孩子，傾其所有，從時間到精力，從金錢到物質，給予了孩子無微不至的關懷和幫助。

通常來說，父母為了孩子付出了那麼多，孩子應該更優秀才對，然而事實卻並非如此，很多父母都在疑惑，為什麼我們為孩子付出那麼多卻得不到相同的回報呢？事實上故事中那個人的回答道出了問題的根源：「沒有給他們獲得教訓的機會。」

我們可以這麼說，亞洲父母是世界上最無私的父母，他們為了孩子願意犧牲一切，甚至是生命。孩子不會綁鞋帶，有爸爸媽媽幫忙；孩子們與朋友發生衝突，有爸爸媽媽護著；孩子書包太重，有爸爸背著；孩子的書包需要整理，有媽媽整理；孩子有不會的數學題，有爸爸幫忙做⋯⋯

可以說只要孩子做起來費力的事情，一切都有爸爸媽媽衝鋒在前，孩子們只要乖乖地待在父母身後就可以了。在這樣的生活環境下成長起來的孩子，能夠經受住生活的考驗嗎？能變得越來越優秀嗎？

有些父母可能會說，現在孩子還小，等以後孩子長大了有了能力自然就會解決。其實這種想法是錯誤的，沒有一個人能夠遇到任何難題都迎刃而解，也沒有一個人會一輩子順風順水。人的一生總要遇到挫折，只有經歷過挫折並戰勝挫折的

人，才會慢慢學會強大。

「父母應該站在孩子背後」，在孩子的成長過程中，父母應該成為站在孩子背後的那個人，而不是做孩子的開路先鋒。父母要學會鼓勵和引導孩子獨立解決生活中遇到的難題。

相對於父母對孩子無微不至的關照，日本的家長卻一直在堅持讓孩子學會獨立。

李先生曾經到日本留學，鄰居是一對日本夫婦。他們家有一個 5 歲大的女兒，長得非常乖巧可愛。

有一天李先生跟他們一家人結伴去河邊釣魚，李先生和小女孩的爸爸在河邊安靜地釣魚，小女孩在身後的草叢上捉蝴蝶，而媽媽則坐在樹下看著女兒玩耍。

後來身後傳來了一陣哭聲，李先生回頭一看，原來是小女孩不小心摔倒了，靠著小女孩最近的李先生趕忙跑過去想要扶起她，但是小女孩的爸爸跑過來攔住了李先生，並對孩子說：「孩子，不准哭，妳要自己站起來。」一同趕來的媽媽也用鼓勵的眼神看著孩子，而沒有絲毫想要扶起她的意思。

但是孩子似乎受了傷，一直躺在地上哭，不肯站起來。

這時爸爸憤怒地喊道：「不許哭，站起來！」

這一聲叫喊把身邊的李先生都嚇了一跳，這時候小女孩看了看身旁的父母，似乎感覺到他們都不會來扶自己了，於是便慢慢止住了哭聲，自己爬了起來。

爸爸見到孩子爬起來後，走到孩子身邊把孩子抱起來說：

「寶貝，妳做得真棒，摔倒了都能自己站起來，妳是爸爸最乖的孩子。」

小女孩這時候似乎也有點明白了，她用力抱住爸爸的脖子說：「爸爸，我知道了，我以後摔倒也不哭了，我一定要做個乖寶寶。」

然後小女孩就從爸爸身上下來，又一蹦一跳地跑到一邊玩耍去了。李先生看到這一場面感慨萬千。

如果發生類似的情況，我相信幾乎所有的父母都會飛奔過去扶起孩子，然後關切地問「怎麼樣啊，痛不痛啊」。有的父母為了防止孩子哭，還會搶先說「沒關係，一點都不痛對不對？」事實上痛與不痛都屬於孩子的直接感受，父母不要去控制孩子的感受。如果一個孩子連表達自己感受的自由都沒有，你怎麼指望他能做好別的事情呢？

因此，父母要及時收回你們將要伸出去的手，給孩子體驗失敗的機會，培養孩子養成獨立自主的好習慣。這樣雖然看似「無情」，但卻是在幫助孩子真正的成長。

其實孩子從來都不會懼怕挑戰，失敗了、受挫了又有何妨？只要孩子能從中得到一些成長，即便失敗也是一種成功。

暑假裡，王老師帶著學生去露營，他驚奇地發現城市的孩子幾乎對生活的常識一無所知。於是他沒有把在鄉間生活的細節告訴孩子們，而是給了他們一些提示，比如說住在哪裡，會有哪些活動等等。

之後，從生火、做飯到搭帳篷，都必須由孩子們來獨立完成，就這樣孩子們在不斷地摸索、失敗中，學會了用自己的方式來解決問題，並能很快找到解決問題的方法。幾天之後，孩子們要準備回家了，王老師特地召集同學們在一起談談在本次露營中有什麼收穫。

有的孩子說：「原來我在搭帳篷上很有天賦。」

也有的孩子說：「在家裡，爸爸從來都不讓我進廚房，說裡面有火有油會傷到我，但是我發現原來自己做飯吃也很有趣。」

……

看，離開了父母的孩子們也同樣可以獨立完成很多事情。只有讓孩子去獨立面對失敗，他才能學會獨立思考。當孩子獨立解決了一項難題，並驕傲地向你炫耀時，這份喜悅和高興對於他來講是你給他的任何關愛都無法取代的。

因此，只要孩子願意，你就應該給孩子一個獨立的機會。如果你只會跟孩子說「這個太危險了，不能玩！」「這個太難了，你玩不了」，那麼孩子可能什麼都不會做了。當然，如果孩子要去做的事情非常危險，家長們也要慎重考慮。不過慎重考慮並不意味著阻止，可以為孩子選擇一些安全的方法。比如說孩子想玩滑輪，你就可以給他戴好護膝與安全帽，並安排一個相對安全的滑輪場地。

由此，身為父親的你，首先應該要正確認識失敗。

1. 失敗並不可怕，可怕的是你不敢失敗

眾所周知，不經歷失敗哪能獲得成功。在現代家庭教育中，許多父母過分地溺愛孩子，不讓孩子面對失敗，甚至將孩子的失敗看作是一種恥辱，剝奪了孩子體驗失敗的權利。

這一點，身為男性家長，更是對孩子提出了嚴格要求，從小便向孩子灌輸一些一定要爭第一的思想，一旦孩子遭遇失敗就批評、責罵孩子，給孩子的心靈造成了一定的創傷。因此父親首先應該正視孩子的失敗，對孩子進行積極的引導。

2. 孩子需要成功，也需要失敗

凡是讓你跌倒的地方，往往是讓你留下印象最深刻的地方，身為父親的你來講可能對這一點有更深的體會。因此，讓孩子在生活中承受一些失敗的壓力，對孩子的成長是有利的。必要的話，你可以人為地為孩子製造一些失敗，讓孩子從中吸取經驗。

3. 要包容孩子的失敗

很多情況下，孩子的失敗對父母的衝擊要超過對孩子的衝擊。尤其是身為父親不忍心看到孩子失敗，於是便伸出手相助，從表面上來看是在幫孩子，但實際上讓孩子失去了體驗失敗和挫折的機會。因此，父親應該要相信孩子能夠承受住挫

折，要相信他們一定能憑藉自己的力量獲得成功。

當孩子在遇到挫折的時候，父親一定要學會鼓勵他們。可以微笑著對孩子說：「這點挫折沒什麼，爸爸相信你一定能夠克服的。」要告訴孩子失敗是成長過程中必須面對的一個環節，聰明的人會懂得從失敗中獲取經驗，並能迅速從失敗的陰影中走出來，勇敢地向前衝。

▌培養孩子的競爭力

在現代家庭教育中，許多年輕的父母一直在糾結著一個問題，由於他們小時候都是在父母的高壓政策下成長起來的，因此他們非常想讓自己的孩子擁有一個輕鬆快樂的童年，然而隨著社會經濟的不斷發展，人與人之間的競爭越來越激烈，在現在這個弱肉強食的時代，如果你不能變強，你只有被吃的份，因此，家長們還希望自己的孩子能夠透過不斷努力獲得成功。

事實上，在現今的社會大背景下，不管孩子是在學校裡，還是在工作中都不可避免地要與他人進行競爭。如果父母為了讓孩子有一個無憂無慮的童年而淡化了孩子的競爭意識，那以後孩子將很難在社會上立足。

競爭在我們的生活中無處不在，不管你喜不喜歡、願不願意，每個人都需要面對生活中出現的各式各樣的競爭。「物競天擇，適者生存」，只有能夠適應競爭環境的孩子，才能在這個社會上生存。由此，引導孩子養成競爭意識，提升孩子的競爭能

力，就成了擺在父親眼前的重要課題。

　　現在許多孩子因為害怕失敗而不願意參加一些競爭性的活動，許多父親因為疼愛孩子也不忍心讓孩子吃苦。但是這樣的話孩子就會很快失去鬥志，以後遇到事情也只會逃避、畏縮。因此為了提升孩子的綜合素養和心理素養，以便將來能在激烈的競爭中占據優勢，父親必須要加強對孩子競爭意識的培養。

　　一對華人夫婦將兒子送到了美國的一所中學讀書，孩子念到高中的時候，學校要舉行校際間的足球賽。孩子想要參加學校的足球隊代表學校去比賽。但能否進校隊不是老師或者教練說了算，而是要透過一個「淘汰競爭」的測試。每個學生都有機會參加「淘汰競爭」，但最後能否進校隊，還要看自己在競爭中的表現。

　　「淘汰競爭」剛開始是繞學校跑 3,000 公尺，接著就是三組 400 公尺跑，然後是四組 100 公尺往返跑。跑完這些下來，學生們都已經累得氣喘吁吁了，但是這時競爭才剛剛開始。隨後，學生們又開始了繞學校跑 3,000 公尺，接著就是三組 400 公尺跑，然後是四組 100 公尺往返跑，第二輪下來之後，學生們已經筋疲力盡了，但是還有第三輪、第四輪在等待著他們。在第三輪的競賽中，有的孩子在賽場上抽筋、有的孩子暈倒在賽場上，有的孩子則在賽場不停地嘔吐⋯⋯

　　看到這一幕，華人夫婦有些害怕了，想讓孩子放棄比賽，但是如果讓兒子做第一個放棄比賽的人，他們又覺得有些丟

臉。於是夫婦兩個就在猶豫不決中看著孩子跑完了一圈又一圈。

最後比賽結束後夫婦兩個問孩子：「那些跑在最後的人一看就沒什麼希望了，為什麼還要跟著一起遭罪呢，乾脆放棄算了。」

但是兒子卻嚴肅地告訴父母說：「這當然不行了，自己主動放棄比賽和選不上是兩碼事，你可以退出這次的競爭，但是如果你次次都退出，你到最後還能做什麼呢？再說了不到最後誰也不能說誰會贏。」

像美國存在的這種「淘汰競爭」在亞洲是很少見的，這種競爭不僅僅是為了測試孩子的體能，更是對孩子意志的一種考驗。在美國，他們非常崇尚競爭和熱愛運動，因此，為了培養孩子的競爭意識，增強孩子的競爭能力，他們會鼓勵自己的孩子參加籃球隊、足球隊等體育團隊。

透過參加各種體育活動，不僅可以鍛鍊孩子的身體，還可以讓孩子養成團隊協作的精神。一般的體育活動都是具有競爭性的活動，孩子們透過體育競賽體會到競爭的樂趣，品嘗到失敗的痛苦或者勝利的喜悅，幫助孩子形成積極樂觀和堅強向上的性格。因此，在這一點上，亞洲父母要向美國的父母學習。

身為孩子的父親，要想讓孩子在殘酷的環境中贏得競爭，就應該從孩子小時候開始，培養他正視競爭、勇於競爭、善於競爭的勇氣和能力。父親可以透過正面教育，培養孩子的競爭意識，在日常生活中加強對孩子能力的訓練，具體來講，要做到以下幾點。

1. 培養和發展孩子的個性

心理學研究顯示：一個孩子的個性與競爭能力是息息相關的。因此，要提升孩子的競爭能力，就要根據孩子的需求和興趣培養和發展孩子的個性，這樣不僅可以讓孩子了解更多的科學知識，還可以培養孩子形成特殊的本領和需求，促進孩子人格的形成。

一個有個性的孩子在競爭意識和競爭能力方面往往要強於其他人，而且能夠在各種競爭中表現得更有自信。

2. 鼓勵孩子勇於創新

沒有創新就沒有進步，沒有進步就沒有贏得競爭的基礎。因此，身為孩子的父親，應該學會鼓勵孩子去創新，透過激發孩子的求知欲，引導孩子發現問題，並嘗試自主解決問題。父親要懂得摒棄傳統的答案和教育模式，解放孩子的天性，讓孩子盡情發揮自己的想像力。對於孩子的新觀念、新思想，父親要學會肯定和表揚，並鼓勵孩子繼續進行探索。

3. 鼓勵孩子參與競爭

在典型的家庭教育中，總是將「好孩子」定義為「乖」和「聽話」。雖然這樣的「好孩子」可以讓父母少操點心，但是他們也往往缺乏個性，沒有抗壓的能力。因此，要增強孩子的競爭意

識，父親還要鼓勵孩子積極參與競爭性的活動，讓孩子敢說、敢做、勇於接受挑戰。

父親可以與孩子一起參與競賽活動，孩子在剛開始邁出第一步的時候往往很難，但是如果有了他們崇拜的父親在身邊陪伴，相信孩子們會更加勇敢的。

4. 鼓勵孩子相信自己

相信自己，實際上就是一種自我競爭意識，一個連自己都不相信的人，怎麼去和別人競爭。因此，父親要鼓勵孩子自己去看待某個問題，並用自己的思維來解決問題，如果孩子做得對，父親要及時予以肯定；如果孩子做得不對，父親就應該引導孩子及時糾正錯誤的做法。這樣孩子才能找到自信，有了自信之後，他才會相信自己能夠憑藉個人的力量去實現自己的目標。

5. 幫孩子找到競爭優勢

「尺有所短，寸有所長」，每個孩子都可能是完美的，因此，幫助孩子找到自己的優勢，樹立自信，這就是現在許多父親要做到的。父親要引導孩子發現自己的優點，然後不斷強化這種優點，讓孩子逐漸克服害怕競爭的毛病，慢慢變得自信起來。

孩子的興趣是多種多樣的，只有幫助孩子找到自己的長處，發掘自己的潛能，孩子才能在以後的競爭中贏得優勢，減少受挫的機會。有競爭就會有勝負，父親還要告訴孩子，競爭

的結果並不重要，即使是處於劣勢，也要保持積極進取的心態，還要告訴孩子與競爭對手的競爭對自己來講本身就是一種成長，因此應該尊重每一位競爭對手。

6. 教孩子在競爭中學會合作

有時候個人的力量是非常渺小的，這時候就需要與別人進行合作。而且隨著社會競爭越來越激烈，合作的重要性也日益凸顯出來。因此，父親在提升孩子競爭意識的同時也要注意培養孩子的合作精神。要讓孩子知道，競爭並不是為了輕視別人、抬高自己，而是為了在競爭中了解團隊其他成員的優勢和不足，以便於及時彌補自己的缺陷，在以後的競爭中增強自己的優勢。

▎父親的思維觀念決定孩子的逆商

現如今 80、90 後這一代人已陸續結婚生子，升級做了爸爸媽媽，這些新升級的父母經歷了短暫的無措後，就把自己從孩子模式轉到了父母模式，而新模式開啟後，他們首先將精力對準了教育問題。由於傳統高壓摧毀了好大一批同胞，他們痛定思痛，自己的下一代必須得教育出強大的心理來。這計畫好不好實現呢，就讓我們透過以下的題目先測一測，你能不能教育出高逆商的下一代。

測試開始：

1. 逆商成長史

一、成年以前,你在家庭環境中是否感覺父母對你很嚴厲?

　　A. 較寬鬆(10)

　　B. 較嚴格(5)

　　C. 高強度管理(0)

　　D. 放任自流(-5)

二、在你的孩提時代,父母是否尊重你的想法?

　　A. 積極聆聽(10)

　　B. 會被駁回(5)

　　C. 沒人關心(0)

　　D. 不敢訴說(-5)

三、0到12歲,你跟同齡朋友的關係怎麼樣?

　　A. 相處非常融洽(10)

　　B. 都是一些普通朋友(5)

　　C. 幾乎沒有朋友(0)

　　D. 害怕與他人交往(-5)

四、在你長大的過程中,印象裡你父母之間的相處是否融洽?

　　A. 非常融洽(10)

　　B. 還算可以,他們基本各忙各的(5)

　　C. 沒有相處,單親(0)

　　D. 簡直是噩夢(-5)

五、在學校遇到挫折時（如考試不及格、被老師罰、同學矛盾），父母如何反應？

　　A. 了解情況，理解安慰（10）

　　B. 看情況，有時候說我兩句（5）

　　C. 不問原因，直接批評（0）

　　D. 揍一頓（-5）

六、遇到挫折後你是否有過偏激的想法，如果有，是什麼？

　　A. 從來沒有（10）

　　B. 逃課（5）

　　C. 離家出走（0）

　　D. 結束生命（-5）

2. 逆商的現在

一、面對重要的考試，一旦成績很差你會有什麼感想？

　　A. 下次一定會考好（10）

　　B. 痛苦一陣子（5）

　　C. 一切都完了（0）

　　D. 無所謂，不關心（-5）

二、畢業了找工作，面試過後總是被拒，你覺得這是為什麼？

　　A. 面試公司不適合自己（10）

　　B. 面試時沒有表現好（5）

　　C. 面試官水準不行（0）

　　D. 沒錢沒背景，當然步步為難（-5）

三、工作中遇到不如意，你會找誰傾訴？

    A. 愛人或死黨（10）

    B. 關係不錯的朋友（5）

    C. 工作夥伴（0）

    D. 自己悶心裡（-5）

四、被死黨背叛，你會怎麼做？

    A. 弄清楚這件事發生的原因，盡快擺脫負面情緒（10）

    B. 難過，但也無可奈何，日子還要照過（5）

    C. 立刻絕交，從此成為陌路（0）

    D. 整個人極端憤怒，並且深陷憤怒情緒中很久（-5）

五、你有沒有想過未來可能發生很不好的事？

    A. 一次也沒有（10）

    B. 想到過幾次（5）

    C. 時常會有這種聯想（0）

    D. 對未來惶惶不安，非常恐懼（-5）

六、生命裡最困難的時候，你是怎樣度過的？

    A. 保持樂觀的心態，自我救贖（10）

    B. 依靠家人的支持（5）

    C. 時間久了，什麼都會過去（0）

    D. 在負面情緒裡泥足深陷，現在想想還是覺得很難過（-5）

3. 逆商在將來

一、你希望你的孩子長大後過什麼樣子的生活？

　　A. 幸福快樂（10）

　　B. 穩定踏實（5）

　　C. 成功富有，聲名顯赫（0）

　　D. 實現我的夢想，過我想要的生活（-5）

二、你會跟孩子怎麼溝通相處？

　　A. 做孩子親密、信賴的朋友（10）

　　B. 站在平等的位置，與孩子互相尊重（5）

　　C. 跟他講道理，說服他（0）

　　D. 我說什麼就是什麼，孩子要聽我的話（-5）

三、將來與孩子生氣的時候你怎麼做？

　　A. 站在孩子的立場重新思考，與孩子做進一步的溝通（10）

　　B. 冷處理，等他自己意識到錯誤（5）

　　C. 非常生氣，大聲喝止（0）

　　D. 對未來感到灰心和絕望，覺得孩子無藥可救（-5）

四、如果你的孩子遇到困難，處理不當，你會怎麼做？

　　A. 幫助孩子一起分析問題，關懷鼓勵（10）

　　B. 幫助孩子了解到失敗原因（5）

　　C. 認為孩子沒有用心，要求他改正（0）

　　D. 對孩子非常失望（-5）

五、你會不會讓孩子接受專門的逆商教育？

　　A. 當然會，做高逆商寶寶的父母可是很省心的（10）

　　B. 應該會，不能讓寶寶向我當初一樣吃虧（5）

　　C. 不了解，不好說（0）

　　D. 不會，我就沒有接受過不也長大了（-5）

六、你會讓父母用傳統的教育觀念培養你的孩子嗎？

　　A. 不會，孩子的性格要從小培養（10）

　　B. 不會，但是孩子很小的時候不用管太多，長大一點再引導也行（5）

　　C. 不一定，雖然不喜歡，但是老人家幫忙會較為輕鬆（0）

　　D. 會的，現在社會都是老人家幫忙帶（-5）

測驗結果：

A. 180 分至 135 分

　　恭喜你，獲得如此高分，可見你長大的過程非常順遂，定是生在父母友愛、兄友弟恭的家庭，身邊滿滿的正能量，照亮自己也照亮寶寶，在你的照耀下你的孩子一定會具備超高的逆商。

B. 134 分至 90 分

　　看起來你的成長不是一路平坦，成功光環的背後也不缺少磕磕碰碰，但是你都走過來了而且走得很好，而今眼界和心智

都非常成熟的你對孩子的教育也有一把刷子，只要你肯走進寶寶的內心，你就會成為高逆商寶寶的父母。

C.89 分至 45 分

你在長大過程中遇到了很多挫折，而且沒有人指引正確的方向給你，這樣長大的你面對許多問題都覺得棘手，但是作為父母，因為你自己已經吃過了虧，所以更加重視孩子的教育。你要做的是努力找到科學的教育方法，這樣就能讓孩子少走彎路。

D.44 至 0 分

你的成長簡直是荊棘遍布，雖然你自己很努力地走到了今天，但是成長過程還是在你心裡留下了重重地陰影，你的內心深處住著一個沒有安全感的小孩。所以在下一代的教育上，沒自信的你更願意相信成績分明的考核，喜歡用冷冰冰的分數丈量自己的孩子。這樣長大的孩子很難有高逆商，建議你多諮商教育機構，不要讓孩子輸在起跑線上。

E.-1 分至 -45 分

愛抱怨的你一定對你的人生很不滿意，可是事物都有兩面性，你不能只往陰暗裡看啊，你在教育孩子上也毫無頭緒，不如去請教早教機構，在專業人士的指導下培養孩子，或許能讓你的寶寶走一條明朗的道路。

F.-46 分至 -90 分

　　你一路迷迷糊糊地長大，根本對逆商沒有概念。你能培育出高逆商寶寶的可能性太低了，在你的養育下，寶寶成長路上遇到障礙不知道能不能正確面對。為了避免將來可能出現的問題，希望你重視這個問題，聽從早教專家的建議。

拓展遊戲，情商訓練：
培養孩子的情緒管理能力

　　所謂情緒管理，即透過一定的方法讓孩子認識自己的情緒，了解自己的心理，學會主動地控制情緒和調節情緒，盡可能獲得積極的情緒體驗，避免消極的情緒體驗。由於處於低年齡層的孩子認知能力和思維能力有限，因此，家長可以透過一些情緒小遊戲，引導孩子學會情緒管理。

1. 媽媽在哪裡

適宜年齡

　　嬰兒期或幼兒期。

遊戲準備

　　彩色的蓋布或手帕，鈴鼓等。

遊戲方法

此遊戲的操作性強、靈活度高，幾乎沒有地點和工具的限制，家長可以任意採取以下方式中的一種，也可以變換方式以增加遊戲的趣味性。

一、家長可以用雙手遮住自己的臉，幾秒鐘後再打開雙手，用驚訝或興奮的表情和聲音面對寶寶，然後重複。

二、在確認寶寶看到自己的情況下，把一塊彩色的蓋布或手帕蓋在自己的頭上，以便遮住自己的臉，然後發出聲音吸引寶寶把自己頭上的布掀開。

三、家長可以躲藏在一個稍微隱蔽但又不是特別難找的角落，然後搖動鈴鼓或發出聲音吸引寶寶尋找自己，到寶寶找到以後，應該主動給予誇讚和獎勵，並與寶寶分享尋找成功的快樂。

遊戲目標

此遊戲的主要目標是讓孩子體驗情緒的變化過程。因為當家長從眼前消失的時候，嬰兒期或幼兒期的孩子能夠體驗到明顯的失望、傷心和焦慮，而尋找成功後則能體驗到明顯的快樂。

除此之外，該遊戲還可以鍛鍊幼兒的視覺、聽覺並增進親子之間的感情。

遊戲小叮嚀

一、為了增強遊戲的快樂，家長的表情、聲音以及肢體動作可以適當誇張，以充分調動寶寶的情緒。

二、家長跟寶寶的角色也可以調換，變為寶寶藏家長找。

2. 不一樣的葡萄

適宜年齡

幼兒期或兒童期

遊戲準備

簡易紙盤若干，彩色畫筆等。

遊戲方法

一、家長用不同顏色的畫筆在紙盤上畫出不同的表情。

二、給孩子出示紙盤，讓他看看紙盤上是怎樣的表情。

三、如果孩子辨認困難或不能確定，家長可以講一個與出示的表情相關的小故事。

遊戲目標

一、加深孩子對不同表情的認知。

二、了解與情緒相關的詞彙，學會用恰當的詞彙表達自己的情緒。

遊戲小叮嚀

一、為了便於孩子更好地理解故事、辨認表情，提高孩子參與遊戲的興趣，家長可以將紙盤上的表情代入一個具體的角色，比如葡萄（幼兒繪本角色人物，腦袋是圓圓的，貼合紙盤的形狀）。

二、家長可以事先在紙盤上畫好表情，也可以在遊戲的過

程中在幼兒的注視下現場繪畫。

　　三、家長在紙盤上所畫的表情，應該既有積極的表情，比如：快樂、激動、自豪，也有消極的表情，比如：悲傷、失望、生氣，難度和複雜程度根據幼兒的年齡和已有經驗進行調整。

　　四、家長繪畫表情時所使用的畫筆顏色也應盡量與所畫的表情貼合，比如積極的表情可以使用溫暖的色調。

3. 情緒小魔術

適宜年齡

　　幼兒期或兒童期。

遊戲準備

　　魔術棒，代表各種情緒的小貼紙，孩子喜歡的玩具等。

遊戲方法

　　一、家長透過語言渲染氣氛，引起孩子的興趣。比如，家長可以說：「媽媽會一種特別的魔術，能夠把你的不快樂變走。」

　　二、讓孩子講講最近生活中某一件讓他不快樂的事，再從表情貼紙當中選擇一枚能夠表達自己情緒的貼在額頭上。

　　三、家長可以拿起魔法棒放在自己耳邊裝作傾聽的樣子。然後面對孩子，說：「魔法棒告訴我，你只要跟我一起唱一首歌，它就能把你的不快樂趕走。」家長可以選擇一首旋律輕快的歌曲，比如〈快樂的節日〉，大聲地帶領孩子一起唱。

四、唱完之後，問問孩子現在的心情怎樣，如果情緒發生了變化，就重新選擇一枚貼紙貼在自己的額頭上。

五、最後，家長可以告訴孩子魔法棒還有哪些趕走壞情緒的方法，比如：玩喜歡的玩具。

遊戲目標

一、讓孩子明白負面的情緒不是憑空而來，而是有產生的原因的。

二、讓孩子學會向他人表達自己的情緒及其產生的原因。

三、讓孩子學會正確處理負面情緒。

遊戲小叮嚀

一、不同年齡和個性的孩子適合的情緒調節方式不同，家長應根據孩子的特點有針對性地選擇恰當的方式。

二、注意氣氛渲染和情緒烘托的作用，家長應該設身處地地體會孩子的情緒，並進行正確的引導。

4. 像狼一樣嚎叫

適宜年齡

幼兒期或兒童期。

遊戲準備

選擇較為空曠的場地，比如海邊、山上。

遊戲方法

一、家長可以帶孩子到一處場地空曠的地方，比如海邊或山上。

二、讓孩子想像狼、狗等動物是如何透過叫聲來表達自己的感情的，並大聲模仿。

遊戲目標

一、有利於幫助孩子釋放負面情緒。

二、有利於培養孩子開朗的個性和豁達的心境。

遊戲小叮嚀

一、繪本適合幼兒期和兒童期的孩子閱讀。如果孩子之前未讀過繪本，家長可以提前帶孩子涉及一下，更有利於提高孩子的興趣和積極性。

二、當孩子不好意思大聲喊時，家長可以提前示範；當孩子已經參與後，家長也應該注意與孩子呼應。

5. 我來表演你來猜

適宜年齡

幼兒期或兒童期。

遊戲準備

一些帶有明顯情緒色彩的人物卡片或照片。

遊戲方法

一、所有卡片和照片正面朝上擺在桌子上，家長和孩子一起分析上面的人是怎樣的表情，大概是由於什麼原因造成的。

二、把所有卡片和照片翻過來，並將順序打亂。

三、家長或孩子一方選擇一張卡片或照片表演上面人物的表情，另一方猜測是怎樣的表情。

四、角色調換，再進行一遍。

遊戲目標

一、讓孩子學會理解情緒和表達情緒。

二、讓孩子學會從不同角度認識情緒。

遊戲小叮嚀

一、選取的卡片或照片中人物的表情應該盡可能鮮明。

二、表演的過程中盡量不使用語言，而更多地借助肢體和表情。

三、照片和卡片的大小或背面應盡可能相同，如差別太大，可以統一黏貼於相同的背景卡紙上。

6. 變臉娃娃

適宜年齡

兒童期。

遊戲準備

不同顏色的彩紙和畫筆、剪刀、膠水、硬紙板等。

遊戲方法

一、讓孩子想像一個與表情相關的故事。

二、製作出故事中角色的代表表情。可以讓孩子分別剪出代表表情的臉部部位，比如生氣的嘴巴、開心的眉毛、悲傷的眼睛等；然後在硬紙板上畫一個圓或其他圖形代表人物的腦袋；最後將剪好的臉部部位黏貼在畫好的腦袋上。

三、讓孩子結合做好的角色頭像講述自己想到的故事。

四、與孩子一起就故事的情節進行討論。比如：他為什麼會有這樣的情緒反應？我們有沒有遇到過類似的情況？出現這樣的問題應該怎樣解決？

怎樣去判斷一個人正處於何種情緒？

遊戲目標

一、讓孩子對人的情緒有更深刻的了解，進而學會控制和調節自己的負性情緒。

二、讓孩子學會觀察他人的情緒，並設身處地地理解和體諒他人。

遊戲小叮嚀

一、在孩子使用剪刀的過程中，家長應密切關注，以確保孩子的安全。

　　二、由於有些表情之間臉部各個部位的變化並不明顯，家長可以給孩子提供一些圖片作為參考。

第六章

家庭教育的核心，
以身作則，培養孩子的好品格

▎教導孩子寬容和諒解，懂得友誼和關愛

寬容既是一種品德，也是一種智慧。孩子學會了寬容，就可以掌握一種與人交往的智慧；學會了寬容，就可以讓孩子保持一種開放、健康的心態；學會了寬容，就可以做一個不抱怨、對自己負責的人；學會了寬容，就可以學會尊重他人，尊重周圍的世界；學會了寬容，就可以放下恩怨，讓生活變得更美好。

寬容是一種品德，但更重要的是一種能讓孩子在社會上健康成長的能力。但是現代許多孩子都是獨生子女，在家裡受到的寵愛較多，大多數孩子都以自我為中心，很少有寬容之心，無論遇到什麼事情，都會首先為自己著想，而不是別人。

要想在社會上生存，寬容是一種必備的智慧，因此，家長應該重視對孩子的寬容教育，在日常生活中幫助孩子摒棄偏見，學會寬容。

辰辰今年還不滿4歲，但卻是一個非常注重形象的小男生。平時就非常愛乾淨，深得家人和老師的喜愛。

　　有一次，爸爸帶著辰辰去參加學校舉辦的親子活動。其中有一個活動是要與別的小朋友一起合作搭積木。與辰辰一起的小男孩身上看起來髒髒的，於是辰辰不想跟他合作，並皺著眉頭對爸爸抱怨道：「爸爸，我不想跟他一組，他身上好髒，我不喜歡。」

　　爸爸擔心辰辰的這些話被那個小男孩聽到後會傷害到人家的自尊心，於是把孩子叫到一邊，嚴厲地訓斥他：「你怎麼能說出這樣的話？」辰辰聽後，只是茫然地盯著爸爸不說話。

　　對於辰辰這個年齡層的孩子來講，能夠說出這樣的話、表現出這樣的行為其實一點也不奇怪，因為他們已經能夠注意到別人身上不同於自己的特性。

　　研究發現，6 個月以內的嬰兒能夠注意到種族和性別上的差異；孩子從 3 歲時就可以對人進行分類，並能判斷出哪類人更好一點。等孩子長到 5 歲以後，他們就能夠將一些好的品格和品德與他們認為好的那類人連繫在一起了；到了 8 歲後，孩子才會觀察到社會對不同人的態度；等他們再長大些的時候，他們就會學會如何面對社會的偏見，並開始理智地思考問題了。

　　因此在發生了上述事件之後，爸爸不應該嚴厲地批評孩子，因為孩子還不懂得接納別人的差異，爸爸應該耐心地為孩子講解人與人之間的差異，讓孩子理解並接受。

　　社會是複雜多變的，而要想讓孩子能夠在這個複雜的社會中生存，父母就應該在孩子幼年時期幫助孩子改變偏見，讓孩子學會寬容。

1. 讓孩子改變偏見

(1)「檸檬」訓練法

在這個訓練活動中，會給每一個孩子一個檸檬，然後給孩子一定的時間，讓他們去了解屬於自己的檸檬，孩子們可以品嘗它，可以聞它的氣味，看它的紋理，甚至可以在地上滾檸檬。然後再把孩子手裡的檸檬放在同一個籃子裡，讓孩子們找出剛才自己玩的那一個。

雖然有些檸檬髒了、破了，但是孩子還是會認為自己的那個就是最好的。

(2) 分析特徵法

爸爸要幫助孩子意識到自己與別人存在的差異，比如說，有的小朋友會比他高、比他壯，而有的小朋友會比他矮、比他瘦等，然後將這些不同的特徵進行比較。這樣能夠讓孩子意識到每個人都有自己的特徵，從而正確地面對差異。

(3) 實例講解法

爸爸可以抓住學校裡或者電影裡發生的某個事情或場景，作為教育孩子的契機，與孩子一起談論寬容的話題，幫助孩子意識到寬容的重要性。

當孩子遇到別人的偏見時，爸爸首先應該確保孩子的自尊心沒有受到傷害，然後強化孩子的意識，要讓孩子明白，發

生這樣的事是不對的，是應該要糾正的。最後爸爸應該告訴孩子以後再遇到這樣的情況應該怎麼應對，可以教一些簡單的措辭，比如說，有時候孩子在外面被人起外號，很多小朋友都跟著叫孩子的外號，你可以讓孩子這樣說：「以後不要這麼叫我，這不是我的名字。」這樣小朋友看到他這麼堅決，也就慢慢地不再喊外號了。

但是當孩子傷害別人的時候，爸爸也絕對不能袖手旁觀，要立刻上前制止並明確地告訴孩子，這樣的行為是不對的，你不能容忍這樣的行為。

要幫助孩子分析為什麼這種偏見是不對的，讓孩子學會換位思考。

2. 要培養孩子的寬容心，爸爸應該做到以下幾點

(1) 為孩子樹立榜樣

孩子性格的形成很大一部分會受到父母的影響。因此，爸爸應該學會寬容大度，與鄰里和同事和睦相處，這樣才能要求孩子寬容。

如果孩子不小心犯了錯，諸如打破花盆這種小錯，爸爸不要懲罰和責罵孩子，可以告訴孩子，這種無心之錯，爸爸也會犯，只要以後注意點就可以避免。爸爸要懂得原諒孩子的錯誤，用寬容之心引導孩子認知自己的錯誤，讓孩子知道在犯了錯誤之後除了批評和懲罰之外，還有寬容。

(2) 讓孩子學會心理換位

所謂的心理換位就是在雙方產生矛盾時，能夠主動站在對方的角度思考問題，理解對方這樣說、這樣做的理由。這樣的話，雙方就會減少很多不必要的摩擦。這就好比是下棋，在剛學會下棋的時候，你會一直想自己應該怎麼走，而當水準逐漸提升之後，你就會開始思考對方會怎麼走，自己應該如何應對。

現在的孩子都習慣站在自己的立場上思考問題了，而要改變這種現象的方法就是教孩子「心理換位」。

讓孩子站在父母的角度考慮，他就會理解父母的良苦用心；站在老師的角度，他就會明白老師的辛苦；站在同學的角度，他就會發現很多同學都是善良友好的。因此，讓孩子學會換位思考是非常必要的。

(3) 讓孩子學會理解他人，包容他人的缺點

「金無足赤，人無完人」，每個人都有自己的缺點和不足。要讓孩子明白，在與同學和朋友交往的過程中，沒有必要要求別人都是完美的，要學會包容他們的缺點。對於同學或朋友在情緒低落時說的傷人的話，也沒必要放在心上。「忍一時風平浪靜，退一步海闊天空」，有時候對別人多一份寬容和理解，就能獲得一份愉悅的好心情。

當然，教孩子學會寬容並不是一種懦弱。爸爸要告訴孩子，寬容是在明辨是非之後對他人的退讓，而不是對壞人、壞事的妥協。

(4) 讓孩子多與同伴交往

孩子的寬容之心是在交往活動中逐漸培養起來的。孩子只有在與人交往的過程中才會發現每個人都有這樣那樣的缺點，每個人都有可能犯大大小小的錯誤，只有學會容忍別人的缺點和錯誤，才能與朋友更好地相處，才能收獲更多的友誼。

在與同伴交往的過程中，爸爸要注意引導孩子如何正確對待比自己優秀的同伴，比自己「差」的同伴以及自己的競爭對手。對於比自己優秀的同伴，要引導孩子向他們學習，而不是嫉妒他們；對於比自己「差」的同伴，要讓孩子主動去幫助他們，而不是輕視遠離他們；對於自己的競爭對手，爸爸要教導孩子進行良性的競爭，或者與對手合作獲得雙贏。

(5) 讓孩子學會「納新」和「處變」

寬容不僅表現在對人的態度上，而且也表現在對物和對事的態度上。

爸爸可以帶著孩子多接觸一些新生事物，讓孩子學會接受新生事物。爸爸還應該教導孩子學會承受事物可能發生的意料不到的變化，並學會如何應對這種變化。當孩子學會了「納新」和「處變」之後，也就慢慢對世間萬物都有了寬容之心。

▌消除孩子自負心理，培養謙虛品格

　　謙虛是中華民族的傳統美德，儘管在所有父母眼中，自己的孩子都是最好的，但是我們要讓孩子學會謙虛的品格，這既是一種寶貴的品格，也是一種美德的表現。

　　心理學家認為，孩子驕傲、自負性格的形成很大程度上受父母教育方式的影響。許多父母在教育孩子的時候給予了過多的表揚，雖然表揚在一定程度上能夠鼓勵和支持孩子更加努力和上進，但是如果表揚多了的話，也會對孩子的成長產生反作用。特別是一些本來就很優秀的孩子，再給予他們過多地表揚，不僅會讓孩子產生驕傲自滿的心理，而且可能讓孩子變得越來越散漫。

　　比如說，孩子考了一個好成績，父母就會一而再、再而三地獎勵孩子，或者向別人炫耀，次數多了，孩子就會變得飄飄然了；還有的父母覺得自己的孩子聰明，就逢人必誇。孩子聽多了這種話，就會想當然地認為自己比別人聰明、優秀，從而逐漸變得驕傲、自負起來。

　　謙虛使人進步，驕傲使人落後。每個做父母的都希望自己的孩子能夠謙虛謹慎，拋棄自以為是和妄自尊大，做一個尊敬他人、樂於向其他人學習的人。可是有那麼一些孩子對自己非常有自信，甚至將自信演變成了自負。心理學家認為，過度自信的人是對自我意識的過分膨脹。驕傲自滿、自以為是的人常常被自己過分的自信沖昏了頭腦，而這種過分的自信不僅不能

欺騙別人，還常常讓自己受到傷害、迷失自我。

　　寧寧今年上小學五年級了，在學校裡成績一直名列前茅，而且在家裡也是爸爸媽媽的驕傲，因此，寧寧就非常驕傲自滿。在學校裡她不喜歡跟成績不好的同學一起玩耍，因為覺得跟他們在一起會降低自己的「格調」，而且自己的成績也會受到影響。

　　有時班裡有同學問她問題，她也不喜歡跟人說，覺得人家太笨。

　　對於自己的任課老師，寧寧也沒有放在眼裡，她覺得老師的水準一般，自己透過自學也能看懂課本，根本不需要老師在一旁指手畫腳。

　　對於寧寧來說，她最敬佩的人就是自己的爸爸，她認為爸爸最能理解她，而且無所不能。寧寧爸爸也經常抽空跟孩子介紹一些讀書方法，跟她講一些名人名言的故事，每次寧寧都聽得津津有味。因此，寧寧常常喜歡跟爸爸待在一起聊天，有時候也會讓爸爸看自己的週記。

　　有一天，爸爸在看寧寧的週記時發現，孩子在字裡行間裡都表現出了一種驕傲自滿的心理，而且瞧不起比自己差的同學，她還在週記中提到了自己與國文老師發生爭執的事情。原因是國文老師批評她不認真寫作業，但是寧寧卻認為是老師在故意找她麻煩。為了幫助孩子及時轉變觀念，寧寧爸爸特地在週記裡留下了一張紙條。

　　到了第二天，寧寧發現了爸爸留給她的紙條，紙條中寫道：「老師之所以要批評你，並不是故意找你麻煩，她希望你能改正自己不認真的缺點，取得更大的進步。你看，老師明知道批評你會招來你的怨恨，卻依然選擇了批評你，老師這樣做也是為了你好，她希望你能進步，你能變得謙虛。古人云：『滿招損，謙受益』，爸爸也希望你能克服驕傲自大的缺點，做一個謙虛的人，做一個人人都喜歡的小孩。」

　　寧寧在了解了爸爸的心意後，感觸極深，從此以後，在爸爸的監督下，她逐漸克服了驕傲自滿的缺點。

　　故事中的爸爸在看到孩子有驕傲自滿的缺點時，沒有責怪孩子，也沒有放任孩子的這種心理，而是透過委婉的方式告訴孩子驕傲自大是不對的，這樣既保護了孩子的自尊，又讓孩子可以接受意見，改掉缺點。

　　莎士比亞曾經說過，一個驕傲的人，最後總是毀滅在了自己的驕傲裡。確實，驕傲是人生最大的勁敵，而謙虛則是孩子成長過程中不可或缺的品格之一，謙虛的性格能夠讓孩子虛心學習，踏實進步，能夠讓孩子交到更多的朋友，還能夠讓孩子在人生與事業上取得更大的成功。

　　驕傲是戀舊的，它常常讓孩子沈湎於過去的勝利之中，因而聽不得他人的忠告和意見，最終讓驕傲成為阻礙自己發展的絆腳石。因此，父親一定要重視對孩子謙虛性格的培養。

1. 要讓孩子意識到驕傲的危害

爸爸應該讓孩子意識到，任何成績的取得都只是階段性的，不能將這種小小的成功當作最後的目標，而是應該將其作為實現下一個目標的起點。要告訴孩子，知識是無邊的海洋，如果因為一時小小的成就就忘乎所以，正是缺乏知識和眼界的表現。爸爸們還應該跟孩子講一些成功人士的勵志故事，讓孩子了解到，凡是有作為的人，都是在取得成績後仍能保持謙虛謹慎態度的人，讓他們以這些名人為榜樣，學習他們謙虛謹慎的品格。

2. 對孩子進行適度的表揚

當孩子成功完成一件事情，對孩子進行表揚時，父親要做到適度，而且盡量不要當眾表揚他。如果別人在誇獎你的孩子，你也不要接過話頭順勢表揚自己的孩子，最好的方式就是盡量轉移話題。

3. 讓孩子正確面對批評、建議

研究顯示，驕傲自滿通常情況下和不能正確面對批評、建議相關。

批評和建議往往針對的是一個人的缺點，如果他能接受別人的批評，那麼說明他能清楚地意識到自己的缺點。但是對於

孩子來講，很難正確地評價自己，也很難意識到自己的缺點。因此，爸爸應該鼓勵孩子多聽聽別人對自己的評價和建議，發現自己身上存在的不足，不斷地完善自己。

4. 跟孩子講偉人的故事

爸爸可以經常跟孩子講一些偉人不驕傲自大，謙虛向別人學習的故事，比如說孔子、牛頓等，他們都是歷史上非常有才華的人，但是他們都很謙虛。以此來告誡孩子，連擁有如此大智慧的偉人都能謙虛地向別人學習，你有什麼理由驕傲自滿呢？

5. 不要到處宣揚孩子的成就

雖然在父母眼裡，自己的孩子都是最優秀的，但是孩子有了一定成就，也不要經常拿到外面去炫耀，這樣會讓孩子變得越來越容易滿足，越來越驕傲，追求的目標也越來越低，還有可能傷到別的孩子的自尊心，影響孩子之間的友好關係。

6. 讓孩子認知到自己和別人的優缺點

「金無足赤，人無完人」，每個人都有自己的優缺點，孩子也是一樣的，有的孩子擅長跳舞，有的孩子擅長書法，有的孩子擅長游泳，有的孩子擅長繪畫，每個孩子擁有不同的興趣愛

好，各自成長發展的軌跡也有很大不同。爸爸們要讓孩子認知到自己和別人的優缺點，公正客觀地看待自己和別人。「三人行，則必有我師」，要鼓勵孩子謙虛地向別人學習。

7. 讓孩子學會尊重別人

也許你的孩子真的非常優秀，也特別乖巧懂事，但是為了表現對別人的尊重，爸爸們也要教孩子學會謙虛，這樣孩子才有機會認知到自己的不足，以取得更大的進步。

8. 適當地潑孩子冷水

孩子在取得成績時，自然喜歡炫耀，喜歡得到家長的認可和誇獎，爸爸在誇獎孩子的同時，可以給孩子適當地潑潑冷水，告訴孩子，成績只代表過去的努力，而不代表將來，以後有人會努力地超越你，所以你應該更加謙虛努力，不要給別人超越你的機會。

9. 幫助孩子開闊視野

為了讓孩子更好的成長和進步，爸爸可以透過帶孩子出去旅遊、進圖書館讀書等方式開闊孩子的視野，增加孩子的知識，孩子的視野開闊之後，就會認知到自己的微不足道，自然就會變得謙虛起來。

▌創造合作機會，鍛鍊孩子的合作能力

　　一個懂得合作的人，不僅能夠很好地適應環境，而且能夠最大限度地發揮自己的潛能。評價一個孩子是否能夠與人相處融洽，關鍵就在於他是否有合作精神。21世紀是一個充滿著激烈競爭的時代，每個孩子要想學會生存，首先應該要有強大的競爭能力，但是競爭與合作其實並不矛盾，只有善於合作的人，才懂得如何去競爭。

　　在國際上流行著一個關於競爭與合作關係的試驗，這個試驗曾經在多個國家做過：找一些口徑不大的瓶子，在每個瓶子裡都放入三個小球，分別用三個繩子吊著，瓶口一次只能容一個小球出入。參加試驗的對象主要是一些7到8歲的孩子，將這些孩子分成若干組，每組有三人，由三個孩子各自拉著瓶子裡的一條線，看看哪一組能在一分鐘之內成功將全部的小球都拉出來。在試驗中，每個孩子都拚命地想要把自己的小球往外拉，結果都失敗了。但是在亞洲做這個實驗的孩子，商量了小球拉出的先後順序，結果很快就把小球拉了出來。

　　這個實驗告訴我們，要想競爭，首先應該學會合作。一個懂得合作的人，才更容易適應新的環境，才能激發自己的潛能；相反，不懂得合作的孩子會在生活和學習中遇到更多的麻煩，變得更加無所適從。社會是一個大集體，在這個集體中生存就要與人交往與合作。

　　強強今年3歲了，剛上幼稚園，他特別喜歡跟鄰居家的小

朋友一起玩遊戲，但是每次跟小朋友一起玩的時候，他都不願意別人玩他的玩具，而他卻喜歡玩別人的玩具。

看到孩子這樣，強強爸也很著急。有一次，鄰居家的小朋友又來玩，爸爸就對強強說：「強強，昨天你阿姨不是剛送了你一套新玩具嗎？你想不想跟霖霖一起玩呢？」

強強一直保持沉默，但是他的臉上明顯做出了不情願的表情。於是強強爸爸笑著說：「這個玩具是要兩個人一起玩的，如果你不想跟霖霖一起玩，那我就把它收起來了，等你想跟別人一起玩的時候，我再把玩具送給你。」

強強聽後著急了，趕忙求著爸爸把玩具給他，並跟爸爸保證跟霖霖一起玩。為了確保自己的玩具不被收走，強強跟小朋友一起玩得很好。

等霖霖走之後，爸爸告訴強強：「你看，這樣兩個人在一起玩多好啊，如果你總是一個人玩玩具，不想要別人跟你一起玩，下次就再也不會有人陪你玩了。」

下面看看另外一個案例。

娜娜是班上的學藝，她工作認真負責，學業成績也一直名列前茅。因此她感到非常自豪。

每次班裡有什麼活動班長安排任務給她的時候，她總是心不在焉的，參加的熱情也不高，好像這件事情對她來講並不重要，為此，同學們都對她有意見。

有一次家長會上，班主任老師私下裡向娜娜的爸爸提起了這件事。娜娜爸爸為了培養女兒的合作精神，經常在空閒時間

跟孩子講一些關於合作的故事，比如說在赤壁之戰中，孫權和劉備是如何聯合起來打敗曹操的故事。

慢慢地，班主任老師就欣喜地發現，娜娜有了很大的變化，在學習中不僅更積極了，而且還懂得與同學合作了，班裡的同學也越來越喜歡她了。

可見，讓孩子學會與人合作對於孩子的成長具有至關重要的作用。要讓孩子從小就明白，他是社會中的一員，大家生活在一起就應該和睦相處、互相幫助。要告訴孩子學會合作與分享就會收獲越來越多的快樂。

當孩子懂得與人玩耍時，你就應該為他創造合作分享的機會，如鼓勵他將自己的糖果給其他小朋友、教導他和別人一起玩自己的玩具等，這樣，慢慢地，孩子就會逐漸懂得合作的重要性，也就會在日常生活和學習中，更加重視別人的合作。

案例中的強強爸爸和娜娜爸爸為了培養孩子的合作精神各出奇招，那麼具體來講，應該如何培養孩子的合作精神呢？

1. 讓孩子參與做家事

在這一點上，筆者估計許多家長都沒有做到。有的家長認為，孩子週末要參加這麼多才藝班，平時還要上學，做功課，就不要耽誤孩子的學習時間了；也有的家長認為孩子還太小，讓他們幫忙做家事簡直是忙中添亂，給自己找麻煩，還不如讓他們在一邊玩耍呢。

其實讓孩子做家事是有好處的，一是可以鍛鍊孩子做事不能半途而廢的意志；二是可以讓孩子感受到自己被人需要，意識到自己在家中的地位，增強孩子的責任感；三是培養孩子的合作精神，比如全家人一起分工合作打掃等。

因此，身為爸爸應該重視對這一點的應用，鍛鍊孩子的合作意識。可以讓 4 到 6 歲的孩子幫忙收拾餐桌，讓 7 到 8 歲的孩子與家人分工做一些事情，比如在逛超市的時候讓孩子自己去買飲料等，增強孩子在與人合作時的責任感。

2. 與孩子相互交流、共同思考

經常與孩子一起思考一些問題，相互交流彼此的感受，讓孩子學會與人合作。比如說，可以跟孩子一起討論某個電視節目；也可以就家庭中有爭論的話題展開討論：晚上應該幾點睡覺、放學回家是應該先看電視還是先做功課等等。透過與孩子的交流討論，讓孩子明白：在與人合作、相處的時候學會尊重別人。

3. 用結果法使孩子懂得與人合作

有時候讓孩子親身體會因為不懂合作而帶來的後果要比你的說服勸導有效得多。

我曾經看過一個這樣的故事：有一對夫妻在週末決定帶著兩個孩子去郊遊。在出發前一天，爸爸給每個人都分配了任

務。由大兒子小北準備郊遊用的物品，由小女兒小西準備烤肉用的調味料。小北做事很認真，他在接到任務後，就把需要的東西全都列在了一張紙上，然後逐一準備。

但是小女兒小西就沒有這麼認真了，她一直在玩耍，每次爸爸問她是不是都準備好調味料了，她都說時間還早，來得及。後來，爸爸再也沒有督促她。

第二天全家人出去郊遊，午餐時間大家開始烤肉的時候發現怎麼也找不到鹽。小西終於意識到因為自己的疏忽，忘記把鹽帶來了。全家人吃了一次沒有鹽的烤肉，小西也感到很愧疚。

因為小西的粗心，使這次郊遊大為遜色，這次教訓對於小西來講是深刻的。爸爸媽媽沒有說一句責罵的話，但這個結果卻比任何話語更有效，只有懂得合作，才能協調好自己與家人的關係，才能讓整個活動順利進行下去。

4. 讓孩子偶爾到親戚或朋友家去住

現在大多數孩子都是獨生子女，除了在學校，平時接觸他人的機會較少。爸爸可以偶爾將孩子送到親戚家或朋友家住一段時間，讓孩子有機會接觸其他人，讓孩子懂得關心和體貼他人，培養孩子的合作精神。

要培養孩子的合作精神絕不是一日之功，需要爸爸們精心的教育和加強情感投入。爸爸們要充分了解到培養孩子合作精神的重要性，在日常的家庭教育中加強對孩子合作意識的啟蒙

教育，向孩子傳授關於合作的故事和事例。有了合作意識和合作精神，孩子的合作行為才能順利發展。

▌人無信而不立，誠信是一個人的根本

誠實守信就是誠信，是公共交往中最基本的道德規範。誠實顧名思義就是忠誠老實，不歪曲事實，不欺騙自己，不欺騙別人。守信就是信守諾言，講信用，履行自己應盡的義務。誠和信是一個事物的兩個方面，誠是信的基礎，而信是誠的表現形式。

隨著經濟的發展，社會的競爭越來越激烈，為了讓孩子在未來的競爭中立於不敗之地，家長們應該培養孩子誠實守信的品格。這就要求家長們在孩子小的時候就開始對他們進行誠信教育，讓誠信伴著孩子成長。

自古以來，人們就對誠實守信推崇備至。誠實就是不自欺、不欺人。

美國總統華盛頓（George Washington）在小的時候曾經用自己的小斧頭砍倒了爸爸的一棵櫻桃樹。爸爸看見心愛的樹被砍，非常生氣，並揚言說一定要給砍樹的人一個教訓。而華盛頓主動在爸爸面前承認了自己的錯誤。爸爸看到兒子真心悔過，被感動了，並告訴兒子誠實的品德要比櫻桃樹寶貴得多。可見，誠實是一個人寶貴的品德，是獲得他人信任和尊重的重要前提。

每個人都不可避免地要與別人打交道，而誠實守信是與人交往的重要原則。

18 世紀英國有一位有錢的紳士，有一天深夜他正走在回家的路上，忽然被一個蓬頭垢面、衣衫破爛的小男孩攔住了，小男孩說道：

「先生，請您買一包火柴吧。」

「我不買。」紳士回答說。說完，紳士就繼續往前走。

「先生，請您買一包吧，我今天還沒賺到錢買東西吃呢。」小男孩追上來說。

紳士看到小男孩這麼執著，於是說：「可是我沒有零錢呀。」

「沒關係，您先拿著火柴，我去給您換零錢。」說完小男孩拿著紳士給的一個英鎊跑開了，紳士在原地等了很久，仍然沒有看到小男孩的身影，於是就回家了。

第二天，紳士正在工作，僕人報告說，有一個小男孩要求面見紳士。於是小男孩被叫了進來，這個小男孩比賣火柴的小男孩更矮，而且穿得更破爛。

「先生，對不起了，我的哥哥讓我送零錢來給您了。」

「那你哥哥呢？」紳士問道。

「我哥哥昨天在換零錢的時候被馬車撞了，受了重傷，現在正在家裡躺著呢。」

紳士聽完後，被小男孩的誠實守信深深感動。於是便對小男孩說：「走，帶我去看看你哥哥！」

到了小男孩的家裡，看到孩子的繼母正在照顧受傷的小男孩，躺在床上的小男孩見到紳士後連忙坐起來，對紳士說：「對不起，先生，昨天沒有按時把零錢送回去給您，失信了。」

紳士卻被他的誠實守信打動，在了解了兄弟兩人的情況後，紳士決定，以後他們的生活所需都由他來承擔。

可見，誠實守信是為人處世的基本原則，你只有誠信待人，別人才會誠信待你。只有從小就學會誠信的孩子，長大後才能勇於承擔起對自己、對家庭和對社會的責任。

誠實守信是每個人必備的素養，父母應該從小培養孩子誠實守信的品格，使孩子能贏得別人的信任和尊重，收獲真誠的友誼，為未來事業的成功打好基礎。

無誠則無德，無信則事難成。爸爸們應該已經意識到誠信教育對於孩子成長的重要性了，那麼就從現在做起，培養孩子誠實守信的品格吧！

1. 從點滴做起，培養孩子誠實守信的品格

爸爸要培養孩子誠實守信的品格，就必須要有耐心和細心，將孩子的誠信教育滲透到日常生活的點滴中，貫穿到孩子成長的整個過程。

爸爸要教育孩子從小講真話，告訴孩子做錯事的時候就應該勇敢承認自己的錯誤並及時改正；借別人的東西要按時歸還；答應別人的事情要說到做到。

　　對於一些坑蒙拐騙的行為，爸爸應該堅決地表明立場，對這種行為進行批判，要讓孩子知道，坑蒙拐騙的行為遲早都會受到懲罰，這樣孩子才會嚴格要求自己，並努力做一個誠實守信的人。

　　爸爸還可以經常跟孩子一起閱讀一些關於誠信的故事，討論誠信的話題；支持並鼓勵孩子多與別人進行交往，讓孩子在交往中體會誠信的重要性。

2. 以身作則，為孩子做誠信的榜樣

　　要培養孩子誠實守信的品格，爸爸就應該以身作則，為孩子樹立誠信的榜樣。曾子殺豬的故事相信大家都聽過，曾子的妻子為了哄孩子就騙孩子說給他殺豬吃豬肉，但是曾子認為這樣做會教壞孩子，不利於孩子養成誠信的品格，於是曾子信守承諾，真的殺了豬，做紅燒肉給兒子吃。而兒子被父親的這種誠信所感染，也學會了言而有信。

　　為了培養孩子誠實守信的品格，在日常生活中，爸爸在對待孩子時一定要講信用，答應孩子的事情就應該做到。因此，在向孩子許諾時，一定要三思，以免言而無信，影響你在孩子心中的形象。如果答應了孩子的事不能做到，應該及時向孩子解釋並求得孩子的原諒，並在孩子面前做自我檢討，讓孩子真正理解和原諒你，在事後要盡力兌現自己的承諾。

　　如果你多次對孩子言而無信，漸漸地，孩子就會對你產生不信任感，而他們也會有樣學樣，逐漸對人失去誠信。

3. 為孩子營造誠信的家庭氛圍

爸爸應該積極努力地為孩子營造一個誠實守信的家庭氛圍，以此來影響和感染孩子。爸爸要尊重和信任孩子，一個從小就受到尊重和信任的人，也會懂得如何去尊重和信任他人。各個家庭成員之間也應該相互信任，讓孩子在這種誠信的環境中健康成長。

在現代家庭教育中經常會出現這樣的情況：有時候孩子犯了錯，父親就不分青紅皂白地訓斥、打罵孩子，雖然家長的初衷是想要孩子記住教訓，不再犯同樣的錯誤。但是這樣卻讓孩子對家長的嚴厲教育產生了一種恐懼的心理。有時，孩子犯了錯本來不想說謊，但是卻因為害怕父母的責罰，編造了各式各樣的謊言來逃避懲罰。

因此，爸爸應該反思一下自己的教育方式，在孩子承認自己的錯誤時，就不要再對孩子橫加指責了。爸爸應該學會尊重和信任自己的孩子，並告訴孩子說謊的危害，讓孩子知道，或許說謊能讓你一時蒙混過關，但是遲早會有人發現事情的真相，到那時，你就會失去朋友、家人、老師對你的信任。這樣孩子就能在這種輕鬆互信的氛圍中逐步培養起誠信的意識。

4. 滿足孩子合理的需要

父母都喜歡誠實守信的孩子，但是並不是所有的孩子都能盡如人意。

究其根源，孩子喜歡撒謊的習慣大致都是因為某種需要引起的，比如為了滿足吃、喝、玩的需要，或者為了逃避懲罰等。

爸爸應該認真分析孩子的需求，喜歡什麼，能做什麼，希望能得到什麼，並盡量滿足孩子合理的需求。要了解孩子的需求就應該學會用孩子的眼光看待事物，認真傾聽孩子的心裡話。當孩子向你講述了他的需求之後，爸爸要與孩子一起分析，讓孩子明白哪些需求是合理的、準確的，然後滿足孩子那部分合理的需求，鼓勵孩子自己去做想做的事，在做的過程中，爸爸要幫助孩子發現問題，鼓勵孩子克服困難，最終獲得成功，從而獲得獎勵，這樣就可以消除孩子說謊的動機，使他學會誠實。

對於孩子不合理的需求，爸爸應該讓孩子明白為什麼不合理，這樣孩子才能從心底裡理解並接受。有的父母覺得孩子還小，應該盡量滿足他們，但這樣恰恰就會助長了孩子的各種無理要求，從此以往就容易形成不良的品格，影響他們一生。

▌與孩子一同閱讀，進而提升自身修養

莎士比亞曾經說過，生活中缺少了書籍，就好像世界失去了陽光；智慧裡缺少了書籍，就好像鳥兒失去了翅膀。

閱讀可以提升人們的文字理解能力和表達能力，也可以幫助人們提高邏輯能力和空間想像能力。閱讀能開闊人們的視野，使人們思想更加充實，生活更加精彩。

　　孩子每翻開一本書就相當於開啟了一扇通往世界的窗戶，閱讀是孩子成長的動力和基石。好的書籍不僅能讓孩子受益匪淺，而且可以讓孩子養成喜歡讀書、喜歡求知的良好習慣。讓孩子學會閱讀、享受閱讀，並養成良好的閱讀習慣，也一直是許多家長正在關注的問題。

　　曉剛今年已經上六年級了，學業成績在班裡處於中上游，但是曉剛一點也不喜歡閱讀。每次放學回家，他不是躺在沙發上看電視，就是趴在電腦前玩遊戲，從來就沒有見過他在書桌前安安靜靜地讀過一本書。為此，家長也非常苦惱。

　　為了培養孩子的閱讀習慣，爸爸媽媽可謂是想盡了辦法。有時候甚至還為孩子精心挑選一本書，然後「命令」他讀，讓他寫讀後感，但是效果依然不好，甚至還讓孩子對讀書產生了反感。

　　無獨有偶，小志也是個不愛讀書的孩子，讓我們來看看小志爸爸是怎麼做的。

　　小志是一個非常聰明的孩子，但是卻總不能靜下心來讀書，為此，小志爸爸也很著急，但他並沒有採取什麼強制的手段，而是想到了一個絕妙的辦法。

　　有一天，小志放學回家，照常坐在沙發上看自己最喜歡看的動漫。看得正起勁的時候，爸爸忽然跑到小志跟前說：「兒子，爸爸在上學的時候學得英語不多，所以不懂英語，你來教我英語行嗎？」

　　「這怎麼行，我又懂得不多。」小志回絕道。

「肯定行的，你在學校裡老師教你什麼，你回家就教我什麼就行，我保證能學會，你難道不相信你的能力，不相信爸爸嗎？」

「好吧，我就先教你單字好了。」

「你也要教我一些日常用語，要不然，我光學會了單字，卻不會對話，我怎麼跟人家對話啊，總不能讓爸爸一個個拼單字吧，那樣人家就會覺得是你沒有能力，教不了爸爸。」

「那我就學什麼教你什麼，每天一小段，怎麼樣？」

「好，我會好好學習，不讓小志老師失望的。」

就這樣，每天小志都要教爸爸學上半個小時的英語，雖然每天爸爸學起來很吃力，但是看到兒子教起來那麼認真，而且對於課本中的每一篇文章都能讀得很熟，一種成功的喜悅一直縈繞在心頭。一學期下來，小志不僅養成了一回家就讀書的好習慣，而且學業成績也更加優秀了。

案例中的曉剛和小志雖然都有不愛讀書的習慣，但是面對同樣的情況，兩方父母卻採用了兩種截然不同的教育方式。曉剛的家長採用了強制的手段，不僅沒有起到效果，反而加劇了孩子對讀書的厭惡；而小志的父母則採用了一種明智的做法，與孩子一起讀書、學習，逐漸培養起孩子對讀書的興趣。

「讀書破萬卷」，培養孩子從小養成閱讀的好習慣，不僅可以豐富孩子的課外知識，開闊孩子的眼界，還能教會孩子如何做人，培養孩子高尚的德行。那麼對於爸爸來講，如何培養孩子的閱讀習慣，才能讓孩子愛上讀書，將閱讀當成一種享受呢？

1. 經常帶孩子逛書店

　　有句俗語說得好：「常在河邊走，哪有不溼鞋。」這句話如果用在這裡的話，可以這樣說，經常逛書店，哪能不聞書香啊。

　　因此，爸爸們平時在週末休息的時候，可以經常帶孩子去書店逛逛，讓孩子在書的海洋裡徜徉，透過書店安靜祥和的環境感受讀書的氣氛，讓孩子愛上讀書。如果你經常逛書店，你就會發現在書店有很多孩子在看書，有的甚至蹲著、趴著，他們在書本裡感受世界的奧祕。書店就像一個「氣場」，去得次數多了，就會讓孩子愛上閱讀。

　　在書店裡有各式各樣的書，在這麼多書裡肯定有孩子們喜歡讀的，對於孩子自己感興趣的書，你不用教他，他也會自己翻開去讀，這有利於培養孩子對書的興趣。或許有些孩子們喜歡的書，並不一定在你的選擇之列，但是孩子們可以透過購買自己喜歡的書，體驗到買書帶來的快樂，從而進一步對書產生興趣。

　　剛開始逛書店的時候，你可以跟在孩子身後，觀察孩子對哪些書感興趣，在有必要的時候給予一些正確的引導。時間長了，孩子有了自己選書的習慣，你就可以不用跟在孩子身後了。

　　對於孩子選擇什麼類型的書，你要賦予他充分的自由。在孩子還沒有喜歡上閱讀的時候，你的首要目標就是激發孩子的閱讀興趣，保護他們剛萌發的閱讀興趣，而不是用各種「不應該」、「不許」來扼殺孩子的興趣。

只要是書店裡的書，孩子如果願意看，你就讓他盡情地看。對於孩子想要買的書，你可以為孩子設立一項規定：漫畫書只能看，不能買回家。

原因是漫畫書字較少，不到半個小時就能看完，不划算。其餘的書，只要孩子喜歡，而你的經濟實力也允許，你就盡量滿足孩子。

2. 與孩子一起讀書

無論你的工作有多忙，你都應該每天抽出一點時間陪孩子一起讀書，與孩子一起分享名家經典，一起體會讀書的快樂。這不僅可以幫助自身陶冶情操，對於孩子來講也是一種教育，有利於幫助孩子淨化和滋潤心靈，實現親子雙方在文化修養上的共同提升。

與孩子一起讀書也是家庭生活中很幸福的時刻，透過與孩子一起讀各式各樣的書，增進了父親與孩子之間的交流，加深了彼此之間的情感。

爸爸可以與孩子一起約定好每天讀書的時間，在這個時間段裡，大家都要讀書，如果因為什麼事情錯過了讀書時間也一定要補上。這樣經過一段時間的訓練之後，孩子就會形成一種讀書的習慣，就跟吃飯、睡覺一樣變成了生活中的必需品。

3. 讀書給孩子聽

　　閱讀從傾聽開始，孩子的閱讀興趣和閱讀習慣最初都來源於傾聽。因此，爸爸可以經常讀一些經典的童話或者寓言，讓孩子從小就感受到書本的樂趣。

　　研究顯示，「為孩子大聲地讀書」是培養孩子閱讀習慣的最有效的方法。當然這裡所講的「大聲」，並不是指高分貝的聲音，而是讓孩子能聽清楚。每次當你為孩子朗讀的時候，就會傳達一種愉悅的訊息給孩子，讓孩子在獲得快樂的同時，學到經驗和道理。

　　讀書給孩子聽本身並不是一件難事，但是難就難在能夠持之以恆。爸爸可以在孩子很小的時候就讀書給他聽，選擇較合適的時間段，每天讀 20 分鐘，並要一直堅持，這樣就可以讓孩子在一種豐富而有趣的語言環境中成長，讓孩子養成良好的閱讀習慣。

4. 跟孩子聊書

　　在與孩子一起讀完書後，你可以向孩子提問或者要求孩子復述自己聽到的故事，以檢查閱讀的效果。但是這種方法的使用也要適度，否則就會讓孩子厭煩，失去閱讀的興趣。

　　爸爸要謹記，跟孩子聊書的目的並不是為了讓孩子「答對」，而是要透過雙方之間的交流，幫助孩子理解書中的道理，

並獲得快樂。

「聊書」也是為了幫助孩子發現一些可能常常被忽略但是很美好的東西，如果讓孩子自己去讀，可能發現不了。但是如果由你讀給孩子聽，並與孩子一起開心地聊聊書中的內容，就可能引起孩子的興趣，然後自己主動去重讀書中的內容，進而發現一些被忽略的東西。

在聊書的時候，父親與孩子之間的關係是平等的。雖然父親有較豐富的社會閱歷和較深刻的見解，但是孩子的天真率直和豐富的想像力也是父親們無法匹敵的。在某些故事的理解上，大人的看法並不一定比孩子高明。

因此，在聊書時，爸爸需要蹲下身子，讓孩子感受到你與他的地位平等，有同樣的發表意見的自由，這樣孩子才會主動地跟你聊自己的理解。

5. 為孩子做讀書紀錄

不少家長喜歡為孩子做成長紀錄，記錄孩子生活的點點滴滴，時常拿出來翻看和回味，樂趣無窮。不妨將這種方法也運用到孩子的讀書經歷上。

最簡單的紀錄就是將孩子在每個階段讀過的書都記錄下來；如果想要記錄得更加具體，還可以記錄閱讀的方法和孩子的閱讀反應，比如說，對某本書的喜愛程度、在某些書中提到的問題、對某些書的讀後感想等。

　　可以時常將這些紀錄翻出來，分析孩子的閱讀發展情況，可以讓孩子重拾當時讀書的樂趣，從而進行重複閱讀或者延伸閱讀，幫助孩子養成良好的閱讀習慣。

拓展遊戲，心智訓練：培養孩子的閱讀興趣及認知能力

　　講故事，是促進親子之間互動和溝通的重要方式之一。研究顯示，對於幼小的嬰兒來說，圖書上美麗動人的圖畫以及媽媽對故事的動聽講述為孩子帶來的閱讀享受是其他活動無法匹敵的。從小培養孩子的閱讀習慣可以讓孩子在書中收穫快樂，這種快樂可以讓孩子保持一種對書的欣賞趣味，從而養成閱讀的好習慣，豐富自己的生活。

1. 先培養閱讀興趣，再培養閱讀習慣

　　有許多家長向筆者諮商過這樣的問題：「我們也想要培養孩子的閱讀興趣，可以讓孩子能夠安安靜靜地坐下來讀書聽故事，可這太難了，他只想拿著玩具瞎跑，這樣怎麼可能讓孩子喜歡閱讀。」

　　很多家長對這個問題已經形成了一種思維定式，認為講故事就是需要家長讀而孩子坐在那裡靜靜地聽。其實這是一種誤解，講故事還可以採用其他方式讓孩子理解。比如說，家長可

以根據故事的情節，將音樂訓練、動作、感官、語言、孩子的玩具等融入到故事情節中，從而激發孩子對閱讀的興趣。

許多家長會在孩子睡覺之前講故事，這其實是一種很好的方法，但是如果家長指著書本講故事給孩子聽，然後問孩子這是什麼的話，就很容易讓閱讀變成一種考試，很可能會讓孩子對閱讀產生反感，從而失去閱讀興趣。

此外，對於 0 到 3 歲的寶寶來講，他們的思維是抽象的，因此，家長就要懂得將抽象的東西變成可以感知的具體的東西。比如指著書本說蘋果，不如直接給他一個蘋果，讓他透過吃、聞、摸等方式去了解。透過將抽象的東西具體化，可以強化畫面的內容，讓寶寶在閱讀的時候將快樂與書本連繫起來進行想像，會讓寶寶更愛看書。

因此，家長在進行親子閱讀的時候，應該首先培養孩子的閱讀興趣，讓孩子愛上讀書，慢慢地養成閱讀的習慣。

2. 親子閱讀需注意六點

一、在進行親子閱讀前，家長首先要觀察孩子的狀態，要選擇在孩子注意力不容易分散的時間段，最好是在寶寶睡醒後的運動時間。0 到 3 歲的寶寶正處在大運動協調發展時期，愛動，不容易長時間坐下來看書，因此可以在寶寶的運動時間，將運動與閱讀有機地結合。

二、在進行親子閱讀的時候，家長要讓孩子有一個安靜愉

悅的心情。

　　三、親子閱讀的內容需是孩子感興趣的東西，這樣能夠很快吸引孩子的注意力。比如，對於 0 到 3 歲的寶寶來講，閱讀的內容應該與寶寶的生活習慣、日常接觸的物品以及經歷貼近。讀本的選擇應該是顏色簡單，圖的畫面較大以及內容主旨凸出的。對於 1 到 2 歲的寶寶，可以選擇與動物相關的讀本；而 2 歲半以上的寶寶，有了較強的規則意識，並且能夠聽指令和模仿，因此可以選擇與行為習慣相關的讀本；對於 3 歲以上的寶寶，開始有了個人情緒，可以看懂抽象一點的書，家長可以為其準備一些關於科普認知和情緒管理方面的讀本。

　　四、在進行閱讀的時候，家長一定要帶有感情，讓整個故事都變得飽滿、繪聲繪色起來。

　　五、在閱讀的時候與寶寶對視，用眼神進行交流和溝通，支持寶寶的反應。

　　六、家長要信任孩子，在培養孩子的閱讀興趣的時候，一定要有耐心，並且要循序漸進地進行。許多孩子在閱讀的時候好動，靜不下來，就認為寶寶在閱讀的時候不認真。事實上，這個年齡層正是孩子大運動協調發展的時期，進行親子閱讀不一定就要安安靜靜地坐在一個地方，可以將閱讀與遊戲相結合，慢慢地讓孩子愛上閱讀，形成良好的閱讀習慣。

3. 家長與孩子一起學互動式閱讀

家長與孩子一起進行互動式閱讀，不僅可以培養孩子的閱讀興趣，還可以促進家長與孩子之間親子關係的發展。下面將以繪本為例，教家長如何與孩子進行互動式閱讀。

此繪本適用於 2 歲左右的寶寶，在閱讀之前，家長要準備小熊的衣服，將寶寶打扮成小熊，飾演故事中的小熊角色。

遊戲一　前庭訓練的遊戲

示例：為寶寶讀繪本，當讀道「春天到了，北方森林裡的跟屁熊和媽媽從洞裡鑽出來。媽媽做什麼，跟屁熊也跟著做什麼」時，媽媽就可以跟寶寶說：「走咯，種花去咯！」然後讓寶寶戴上事先準備的用盒子做的小熊掌，讓寶寶模仿小熊的樣子跟著媽媽去種花，花也是之前就應該準備好的，可以將帶有花形狀的紙貼在牆上，也可以將鮮花或塑膠花插在花瓶裡。

遊戲目的：讓寶寶戴上盒子做的小熊掌模仿熊走路，是前庭訓練的遊戲，可以促進寶寶肢體運動的發展，鍛鍊寶寶的肢體協調性和平衡感，從而提高寶寶的自制力，使寶寶在閱讀的時候能更專注。在故事中讓寶寶扮演小熊屬於一種角色扮演遊戲，可以鍛鍊寶寶的社會交往能力。

遊戲二　激發寶寶音樂潛能的遊戲

示例：熊媽媽起床了，熊寶寶也要跟著起床，這時候媽媽就可以唱或者播放「起床歌」，歌曲應該選擇歡快的曲調。同時

可以將寶寶的圓形玩具當太陽，讓「太陽」隨著音樂的進行逐漸升起來。媽媽在自己做動作的時候也要隨時觀察寶寶的動作，如果發現不一致，媽媽要及時調整自己的動作，跟著寶寶一起做，讓寶寶感到自己被模仿，做起動作來也會更有信心，從而激發寶寶的音樂潛能。

遊戲目的：在與寶寶進行遊戲的過程中插入音樂，訓練寶寶的節奏感，幫助寶寶開發音樂潛能。

遊戲三　訓練寶寶的精細動作

示例：當媽媽讀道「穿過小溪和水塘，爬上樹去找蜂蜜」時，媽媽可以對寶寶說：「我最喜歡蜂蜜了，冬天快來了，我要儲存好多好多的蜂蜜才行，我要跟媽媽一起做一個又大又漂亮的蜂蜜罐！」然後寶寶模仿小熊跟媽媽一起做蜂蜜罐，可以用橡皮泥一起裝飾瓶子。

遊戲目的：媽媽與寶寶一起裝飾瓶子，可以鍛鍊寶寶的精細動作，培養寶寶欣賞和表達美的能力。

遊戲四　訓練寶寶的動手能力

在繪本的最後一頁是一個手工，是熊媽媽和熊寶寶擁抱在一起的圖案，在媽媽讀完整個故事後，媽媽可以幫助寶寶將圖案剪下來，折起來立在桌上，不僅可以訓練寶寶使用剪刀和折紙的能力，也可以讓整個故事變得更加立體、豐滿，加深寶寶的印象。

第七章

杜絕「棍棒教育」，陪兒子一起健康成長

■ 反思亞洲式家庭教育：用棍棒能出孝子嗎

自古以來，「棍棒底下出孝子」、「不打不成才」之類的說法就在亞洲盛行，而在這種思想的影響下，這種有暴力傾向的教育方式也成了很多家長所推崇和奉行的教子心經。只要孩子犯了錯或者有不良發展傾向，父母就想以「打」的方式將孩子拉回來。可是，我們不禁要問一句：這樣的方式真的能把孩子教育好嗎？真的應該在現代的家庭教育中普及嗎？

2009 年，某社會調查中心曾做過一項名為「覺得父親應該怎樣教育孩子」的調查，有 1,988 人參加了網路投票，而結果顯示：認為現在孩子缺乏父教的網友占了 60.7%，26.3% 的網友認為不好評論，只有剩下 13.0% 的網友認為現在孩子不缺乏父教。無獨有偶，某市婦聯也曾發布過一項名為《反家庭暴力情況研究報告》的報告，調查顯示超過 60% 的受訪者都不認為打罵孩子屬於家暴行為，「打孩子」這種簡單粗暴的教育方式竟然被父母們認為是最奏效的。由此可見，傳統的「棍棒底下出孝子」的教育觀念還在影響著眾多的亞洲父母，而爸爸們則「沐浴」其中，且身體力行之下，又怎能不讓孩子感覺父教與父愛的缺失呢？

　　我們就以《爸爸去哪兒》中的一位爸爸為例。在第一期節目中，他的女兒因為不適應「艱苦的環境」而感覺不適應，然後在節目中哭得一塌糊塗。身為爸爸，他一時手足無措起來，而且隨著孩子哭聲加劇顯得有些不耐煩，還責問孩子：「妳是來表演哭的嗎？」面對這種場景，心理學家分析說，當時他和女兒之間好像隔得很遠，只是單方面地希望孩子不要哭，不要害他惹麻煩，卻不會停下來關心孩子的感受，陪著孩子度過那種不適、不安的感覺。

　　當然，爸爸絕不是不愛自己的孩子，只是他和節目中的其他爸爸一樣，經常在外工作，和孩子相處的時間和機會其實非常少。因此，在面對獨自帶孩子的場景時，有無能為力、無從下手的感覺。不過，據說在拍攝完第一期節目之後，夫婦兩人就意識到孩子的適應能力沒有那麼強，還需要父親的鼓勵與幫助，而爸爸也在反思中總結了不少經驗。

　　在之後的節目中，爸爸也用自己的表現逆轉了局面，最終成為「好父親」。而在第四期節目中，其中一個遊戲是讓其他爸爸假扮成壞人，去砸小朋友們保護的雞蛋。這個遊戲的目的是在測試面對突發事件時孩子們的反應。而遊戲中，女兒又大哭起來。這一次不同的是，爸爸沒有再「指責」和批評女兒，而是蹲下身細心與其交流、安慰。這一次，爸爸的做法很快讓女兒停止了哭泣。

　　父母打罵孩子，有時候是因為生氣，有時候是因為孩子讓

父母覺得難堪、尷尬，有時候則純粹是為了讓孩子改掉一些不好的習慣或行為。然而，無論父母的動機是什麼，其實「打罵」式的教育方式都很難達到理想的效果，甚至會為孩子造成非常惡劣的影響，給孩子的內心造成傷害或者心理偏差。下面，我們就來具體總結幾點。

1. 讓孩子形成暴力傾向

孩子天性喜歡模仿，而父母則是他們人生中的第一個模仿對象。因此，父母的言行會對孩子的成長形成至關重要的影響。父親「棍棒」或「打罵」的行為方式也會成為孩子潛意識裡的模仿對象，進而從爸爸的暴力行為中領會相同的方法。這樣很可能會造成孩子長大後暴力傾向相對嚴重。因此，暴力的方式 —— 無論是語言暴力還是身體暴力都是無法讓孩子培養出愛心的，只會教給孩子以暴力處理問題的方法，從而成長為一個崇尚暴力的人。

2. 引發孩子的不良性格

如果孩子從父母的行為模式中感知到，只要自己一做錯事就會挨打，那麼為了避免遭受「皮肉之苦」，孩子會考慮怎麼去欺騙父母、隱瞞實情，這樣就會讓孩子變得不誠實。而且，孩子若經常挨打，就會懼怕自己的父母。這時候不論父母讓他做什麼，他可能都會照做，這樣一來其實是抹殺了孩子辨別是

非對錯、獨立思考的能力。這樣的孩子看似省心、聽話、「乖巧」，而實際上只是因為害怕挨打而變得孤僻、自卑、懦弱了。這樣的不良性格對孩子以後的人生而言，可能是非常不利的缺陷和傷害。

3. 孩子不會真心改正

打罵這樣的教育方式不可能讓孩子真正「心服口服」，當父母掄起棍棒打罵孩子的時候，實際上孩子所有的注意力都已經被痛覺和由此帶來的情感傷害所占據了，因此他根本聽不進去你所謂的「教育」。就算孩子日後真的改正了一些不良習慣，也只是不得已屈從於父母的暴力罷了。這並不能讓孩子意識到自己真正的錯誤，一旦孩子日後脫離父母的掌控或束縛，很可能會繼續犯同樣的錯誤。

4. 讓家庭氣氛受到破壞

溫馨、和諧的家庭氛圍，是孩子的情感和心靈得以成長的搖籃。而在充滿暴力的家庭環境中，孩子的感情狀態只會變得焦慮、麻木、憂鬱，並且不願意接近父母，不願意與父母交流，這勢必會影響父母與孩子之間正常的親子關係。在這種壓抑的情感環境中，孩子甚至會以離家出走的方式來逃避這種不安。即便孩子在這種氛圍下平安長大，也可能會表現出憂鬱、消極、偏激、暴力等性格特徵。

那麼，怎樣才能讓父母走出棍棒式教育的迷思呢？主要應該把握以下兩個原則。

(1) 教給孩子明確的目標與準則

由於孩子的知識和人生經驗不足，其思想和行為往往會表現出任性、不善於辨別是非對錯、缺乏自制力等特徵，在做事時也會因無知而犯錯。

所以，在孩子接觸或者做一件事之前，父母應該提前提出具體的行事準則和明確的目的，這樣才能給孩子一個正確的標準與方向，以免誤入歧途。

(2) 以鼓勵與表揚孩子為主

鼓勵與表揚的教育方式能夠在孩子的成長中起到正向強化的作用，父母與其總是因為孩子做錯了什麼而責備孩子，還不如看到孩子做對了什麼就去表揚孩子。正面的鼓勵和表揚會告訴孩子怎樣做是對的，幫助孩子養成良好的行為習慣；而負面的打罵、責備只能告訴孩子什麼是錯的，用一種錯誤的方式強調和強化一種錯誤的行為，並不能為孩子帶去想要的教育效果。而且，更重要的是，鼓勵和表揚能夠強化孩子的自尊心、表現欲和做事積極性，減少孩子消極、懶惰、暴躁等負面反應。

因此，「動之以情，曉之以理」的教育方式比「棍棒式」教育更可取。

而打罵即便在一定時間內會取得暫時的威懾效果，但對孩

子未來的人生而言是有百害而無一利的，甚至會為孩子的身心造成永久的、難以彌補的傷害。

▋ 讓孩子動手，培養創造力和獨立性

讓孩子自己動手實踐，能夠很好地激發孩子的獨立性與創造力。如果爸爸總是過分保護孩子，任何事都不讓孩子動手，那麼勢必會影響孩子的動手實踐能力，這對培養孩子的興趣與自信心都很不利。

萌萌是一個 6 歲的小男孩，一天他在課堂上學習了如何自製泡泡水，便想回家親自試驗一下。回到家後，他從廚房找來了洗潔精、水等材料，準備按照老師教的進行調配。這時候，剛好爸爸下班回家，便詢問起來。聽了萌萌的想法後，爸爸很支持，而且還和萌萌一起操作起來。他們一起調配好泡泡水，還用一根細金屬絲做成了吹泡泡的工具。

父子兩人完成準備工作後，萌萌馬上用金屬圈放入泡泡水中蘸了一下，然後輕輕一吹，一個五顏六色的大泡泡就做出來了。看著萌萌高興、興奮的樣子，爸爸也欣慰地笑了。

其實，萌萌之所以會養成自己動手的好習慣，和父親平時的鼓勵、支持有很多關係。在爸爸的鼓勵和幫助下，他還自己動手做過簡易存錢罐、花把、筆盒等日常用品。每次看到這些成果，萌萌心裡都特別自豪。

讓孩子動手實踐是幫助孩子成長的最好方法，它能夠開發

孩子的智力，同時幫孩子養成勤勞、獨立、勤思考的好習慣。因此，從孩子咿呀學語、蹣跚學步開始，爸爸就應該多多支持和鼓勵孩子自己動手實踐了。

實踐來自生活，我們日常生活中的吃、穿、住、行都能成為培養孩子動手能力的工具。而且，讓孩子越早學會自己動手實踐，就越能培養孩子的獨立性和創造力。孩子的實踐能力、獨立性和創造力的培養，其實隨時隨地都可以展開，父母應該將其作為一個目標和行為準則放在心裡。

讓孩子自己動手實踐，是培養孩子獨立性和創造力的基礎。我們再對獨立性和創造力進行深入分析的話，可以看出獨立性更側重於孩子的生活能力，而創造力更多地是指孩子的思維靈感、精神火花。下面，我們就來看看如何透過實踐來培養孩子的獨立性和創造力。

1. 讓孩子做自己力所能及的事情

凡是孩子自己能做到的事情，父母千萬不要代替他完成，這是一個非常重要的教育原則。其實兩三歲的孩子就已經有了想表現自己、想自己做的意願。當孩子有了這種想要獨立完成某事的願望後，父母應該做到因勢利導，從小培養孩子在日常生活中的自理能力。而孩子日後獨立性和創造力的形成也都是以這種基本習慣和能力為基礎的。

比如，在孩子 1 歲多時，父母就應該培養孩子自己吃飯的

能力。也許一開始孩子還需要在父母的幫助下完成吃飯動作，但是很快就會獨立完成了。讓孩子自己吃飯、自己穿衣、自己如廁、自己脫鞋、自己脫衣服、自己擦鼻涕、自己洗手、自己整理玩具等，這些都需要父母一步步引導孩子去獨立完成。在孩子的幼兒期，自理能力是需要培養的最主要內容。到了五六歲，還可以培養孩子自己勞動、做家事、寫作業等能力。

2. 培養孩子逐步思考的能力

培養孩子逐步思考的能力，也就是讓孩子學會勤動腦。其實，現實中很多父母都習慣於單方面向孩子輸入知識，跟孩子講故事、講道理、講人生哲理等，恨不得將所有時間都用來幫孩子豐富知識量。其實，培養孩子獨自思考、獨自獲取知識的能力，比單向往孩子腦子裡填知識要重要得多。著名兒童教育家就曾提出過一條原則：凡是孩子自己能夠想的就應該讓他自己去想。

3. 創造機會讓孩子自己拿主意、做決定

父母通常認為孩子就應該乖乖聽話，聽大人的，其實孩子有自己的主意和想法是一件好事，而父母不僅要鼓勵和培養孩子自己拿主意，還要在一定程度上故意製造機會讓孩子自己拿主意、做決定。比方說，讓孩子選擇自己喜歡的衣服顏色、款式，讓孩子自己決定和誰做朋友。我們的教育總是喜歡讓孩子

順從、聽話，而並不關注孩子的內心和需求。當父母事無鉅細地將孩子所有的事情都決定了，孩子也就失去了自由決策的機會與權利，這樣很難培養出孩子的自我判斷和抉擇能力。

4. 讓孩子在實踐中自己克服困難

父母在讓孩子自己動手實踐的過程中，一開始往往會遇到困難，比如讓孩子自己吃飯結果摔了碗、讓孩子自己穿衣服結果耽誤了很長時間、孩子自己完成不了某件事結果哇哇大哭等情況。無論對父母，還是對孩子而言，這些困難都是現實存在的。而家長若是因為想省事或者一時心軟就放棄原則，那就只能前功盡棄了。

因此，在孩子獨立做事遇到困難時，父母一定要先自己堅持原則，不要隨便妥協，應該鼓勵孩子努力克服困難，盡量堅持將事情做完。特別是對於依賴性較強的孩子而言，父母更要做到「有所為，有所不為」。

5. 鼓勵孩子的好奇心與探索欲

愛因斯坦（Albert Einstein）曾經說過：「誰若不再有好奇心，也不再有驚訝的感覺，那麼就無異於行屍走肉，他的眼睛也是模糊的。」好奇心與探索欲是人類最珍貴、也最有價值的東西，它是科學的推動力，也是能夠激發孩子興趣、開發孩子智力、讓孩子專注投入到自己感興趣的事物中的神奇力量。因此，我

們要學會鼓勵和保護孩子的好奇心與探索欲，並且透過一定的引導，使其向積極的方向發展。

6. 引導孩子接觸日常工具

蘇聯著名教育實踐家蘇霍姆林斯基（Василий Александрович Сухомлинский）說過：「孩子的智慧就在他的指尖上。」我們應該鼓勵孩子勤於動手，具體可以從讓孩子接觸和熟悉日常用具開始。比如教孩子使用筷子、湯匙、剪刀、手錶等工具，讓孩子認識和熟悉樂器、書本等。只有當父母真正意識到應該讓孩子自己動手時，才會放任孩子自己摸索一些日常工具，而不是對孩子大聲嚷嚷：「快放下，別弄壞了！」

7. 讓孩子的想像力自由翱翔

想像力與創造力是一對好兄弟，想要培養孩子的創造力，就不要阻止他去想像。愛因斯坦說：「想像力比知識更重要，因為知識是有限的，而想像概括著世界上的一切，推動著進步，並且是知識進化的源泉。」的確，若沒有豐富的想像力，又何來創造呢？因此，對父母而言，千萬不要去扼殺孩子與生俱來的想像力。孩子天生有一顆善於幻想的心，即便是冒出一些稀奇古怪的不合常理的或者不切實際的怪念頭，父母也要給予一定的鼓勵和回應，以此保護孩子的想像力，而不是大吼：「不要胡思亂想了！」

　　總之，培養孩子的獨立性和創造力絕不是一朝一夕可以完成的事情，而方法也是需要不斷總結、不斷完善的緩慢過程。只要父母意識到其中的關鍵所在，並且努力從孩子的角度看待問題，就能讓自己和孩子都少走一些彎路，在孩子的成長之路上扮演更好的角色。

▊ 拒絕過度保護，培養男孩的責任感

　　為了讓兒子得到更好的照顧，李明的媽媽生下孩子後便放棄了工作。而且，家裡還請了保姆，心疼孫子的爺爺奶奶更是對李明溺愛不已。李明從小身體就不好，只要一有風吹草動，一家子都跟著膽戰心驚、如履薄冰。

　　於是，在學前，李明的人生從大事到小事全被父母一手包辦了，享受著「小皇帝」的待遇：小李明吃的都是「特別料理」，而且從來不必自己伸手，都是餵到嘴裡的；小李明穿衣服都是父母代勞的；只有在氣溫適宜的天氣才肯讓他出門，熱了怕熱著，冷了怕凍著；只要出門，吃的、穿的、用的、玩的都要父母隨身帶好，以備不時之需。

　　上學以後，李明因為各種問題難以融入學校生活：他不願值日、勞動，需要父母代勞；他不想參加學校的晨跑，因為要睡懶覺，為此還讓爸爸專程到醫院開了病例證明；他只要打個噴嚏，就以生病為由不去學校上課了。儘管老師也對這種做法提出過異議，李明的父母卻不以為然：「明明從小身體就不好，

怎能和其他孩子比？」

　　就這樣，李明像一個小皇帝般在父母的精心呵護下長大了。這時候，父母卻開始擔憂，因為他們發現孩子已經難以獨立生活了。原本他們以為，等孩子長大了，獨立和責任這些能力孩子都會自然而然地擁有。而事實卻並非如此：李明過慣了飯來張口、衣來伸手的日子，甚至連拿個碗筷都要父母代勞。

　　有一次，李明的爸爸帶著他去吃肯德基，結果點完餐忘了拿吸管。李明一看，便生氣了，發脾氣說：「爸爸，你太粗心了，沒吸管我怎麼喝果汁！」爸爸沒辦法，只好幫他取了吸管。

　　18歲時，李明要考大學了。儘管父母百般催促，他都是一副不痛不癢的態度。每天除了看電視，就是打遊戲，有時候還賴在家裡不肯去學校。學測那天，他甚至忘了帶准考證，只能讓爸爸急急忙忙回去取。為此，他還抱怨父母：「你們怎麼搞的？准考證都忘了幫我帶上。」而學測成績出來後，李明果然落榜了。在父母愁眉苦臉之際，李明卻一點不為未來擔心，依然一副事不關己的樣子，過著「皇帝」一般的逍遙日子。

　　李明的案例就是一個典型的父母包辦一切的例子，而讓人感覺無奈的是，現在很多父母都存在著類似的問題：他們總是認為孩子還小，需要保護，需要他們一手包辦各種事情……其實，在這樣一手包辦的背後是對男孩的不信任、不放心、不放手。而男孩子在這樣的教育方式下，其責任感在萌芽狀態時就被扼殺了。等孩子長大了，父母又如何能期待他們「自然而然」

承擔起該負的責任呢？就像案例中的李明一樣，缺乏責任心的男孩子，其成長過程注定是充滿缺陷、不完整的，而責任感的缺失也將最大限度地影響孩子未來的生活方式和人生走向。

等到父母發現孩子的成長已經脫離自己的預期時，可能為時已晚，就像案例中李明的父母最終只能為孩子的未來一籌莫展，卻也無能為力。兒科權威詹姆斯博士（James L. Wilson）告誡家長們說：「依賴本身就滋生懶惰，精神鬆懈，懶於獨立思考，易為他人左右等弱點。所以說，處處對孩子包辦代替，這不是在幫助孩子，而是在坑害孩子。」特別是對男孩來說，社會和人文環境所賦予他們的責任比女孩更重。而當他們長大後，需要獨立面對人生、獨自走進社會時，誰又能為他們包辦一切、承擔一切？

所以，對於父母而言，真正對孩子好的做法是：努力將孩子培養成一個有責任感的小紳士，而不是養成一個「衣來伸手，飯來張口」的「小皇帝」。那麼，具體應該怎麼做呢？

1. 從小開始培養男孩的責任心，且循序漸進

在男孩小的時候，要先讓他養成生活自理的能力，慢慢長大的同時，也要學習如何承擔社會和家庭責任。父親應該按照男孩所在的年齡層，安排相應的符合其能力的任務。隨著年齡增長，被賦予的責任也會越來越大。

比如，在男孩 6 歲之前要學會自己穿衣、吃飯、如廁等，

7到8歲時應該能承擔疊被、整理房間、擺放餐具、整理圖書、打掃房間、倒垃圾等任務。需要注意的是，不論父母賦予孩子怎樣的任務和責任，都要以孩子能夠聽懂的方式說清楚，讓孩子意識到自己有義務把事情做好。

2. 提供做事或服務他人的機會給男孩

我們時常聽到有一些家長抱怨孩子說：「現在的孩子啊，太懶惰，而且什麼都不會做，事事都指望著大人。」其實，這時候，最應該反思的不是孩子，而是父母 —— 父母有沒有讓孩子自己做事的意識？生活中，有很多父母，或者擔心男孩做不好事情，或者心疼孩子，或者怕麻煩，寧願自己代辦，於是便不讓孩子承擔任何事。久而久之，孩子自然會認為所有的事情都應該由大人來完成，與自己毫無關係。

所以說，父母想要培養男孩的責任感，首先要讓自己具備相應的意識。很多事情即便父母可以做，也願意做，但是依然要將機會留給孩子自己，這樣才能培養孩子的責任心和做事能力。

3. 尊重男孩做出的決定和選擇

只有當男孩感到自己的決定和選擇被父母尊重時，才會真心願意為自己做的事情擔起責任。現在很多父母都懷著「望子成龍」的期待，一心為男孩安排好一切，卻忽視了這樣做實際上是

剝奪了孩子做決定或選擇的權利。當孩子認為自己的選擇是被迫的、不被尊重的，又怎麼會願意為其承擔責任呢？

事實上，男孩責任心的培養需要父母給予必要的尊重和信任，而父母也應該相信孩子能夠做好自己力所能及的事情。當父母決定放手讓孩子自己做時，孩子的責任感、獨立精神和自主意識都會提升，這對於孩子日後成長中良性循環的形成是很有幫助的。

4. 要求男孩做事有始有終，必要時不妨讓孩子品嘗一下苦果

男孩膽子大，而且好奇心強，什麼都願意去試試，但與此同時，也容易犯做事虎頭蛇尾或有頭無尾的毛病。因此，父母交給孩子做的事情要進行適當的監督、檢查和評價，幫助男孩子養成認真負責、持之以恆的態度。必要的時候，也要讓孩子嘗一嘗做事不認真、虎頭蛇尾的苦果。

5. 做錯事時給予男孩鼓勵和幫助

很多父母都不願意接納孩子犯下的錯誤，只希望孩子按照自己的期待將事情都做好。事實上，這種觀念也是有問題的。要知道，在男孩年齡小的時候，因為知識、經驗、能力、毅力等方面的不足，難免會犯錯。而父母應該對此有一定的心理準備，在孩子犯錯的時候要真心接納，耐心交談，而不是去責

備、否定，甚至表現出情緒失控的一面。父母應該意識到，犯錯也是孩子成長中必經的過程。犯錯不可怕，只要孩子能正視錯誤，並且願意為其承擔責任，就是一個了不起的好孩子。

6. 父親要做一個好榜樣

父親在兒子的心目中就是偶像、英雄，而且具有絕對的權威，因此父親要學會用自己的言談舉止為孩子樹立一個好榜樣。如果父親是一個做事敷衍、不負責任的人，那麼即便他想將孩子培養成一個有責任感的人，孩子也不會信服；反之，父親若是一個對工作認真、對家庭負責的人，孩子也會在耳濡目染之下培養出責任心。另外，父親也可以在相處中，與兒子聊聊自己的工作，告訴孩子自己完成一項工作或克服一個困難時的自豪感與成就感，讓孩子了解到每個人在做事時應該擔負起的責任，從而積極、主動地養成責任意識。

拓展遊戲，能力訓練：
培養和提升孩子的創造力

如何培養和提升孩子的創造力，這也是困擾許多爸爸的重要難題，對於年齡較小的孩子來講，在遊戲中開發孩子的創造力是最行之有效而且也最受孩子歡迎的一種方式。在遊戲中，不僅可以讓孩子體會到玩耍的快樂，也可以讓孩子採用一種輕

鬆的方式認識和熟悉周圍的事物。父親與孩子一起玩遊戲，還可以增進父子之間的感情，營造融洽的親子關係。

　　孩子在遊戲中對陌生事物以及世界的探索和感知，可以激發孩子的探索欲望，從而促進孩子創造力的開發和發展。那麼有哪些遊戲可以幫助開發孩子的創造力呢？

1. ×××（家人的名字）在嗎

遊戲目的

　　教孩子認識和記住家裡人的名字，開發孩子的記憶力，為培養孩子的創造力奠定基礎。

適合年齡

　　1 歲半。

遊戲方法

　　首先爸爸要將家裡人的名字告訴孩子，然後透過遊戲的方式加深孩子的印象。跟孩子一起模擬打電話的場景，爸爸可以問孩子：「×××（媽媽的名字）在嗎」孩子會說不在，因為媽媽要晚上下班才能回家。還可以問：「×××（爺爺或奶奶的名字）在嗎」孩子會說在，然後將爺爺或奶奶叫過來聽電話。當孩子認識了家裡人的名字之後，爸爸要跟孩子位置互換，讓孩子問，爸爸來回答，看看孩子是否能夠順利說出家裡人的名字。

　　當這個遊戲玩得很熟之後，爸爸還可以嘗試讓孩子背誦家

裡的電話、家庭住址以及家人的電話等，促進孩子記憶力的開發，提升孩子的社交能力。

2. 幫水搬家

遊戲目的

鍛鍊孩子的眼睛和手的協調能力，促進孩子智力和創造力的開發。

適合年齡

1歲半。

遊戲方法

準備兩個口稍大的塑膠瓶，讓孩子將其中一個瓶子中裝滿水，然後再將水倒入另一個瓶子裡，盡量不要讓水漏出來。當孩子熟練了之後，再引導孩子將碗裡的水倒進瓶子中，並同時確保水不灑。剛開始的時候爸爸可以從旁協助，在孩子動作熟練了之後，爸爸就應該讓孩子獨立去完成，當孩子獨自做好時，爸爸要給予及時地讚揚。

3. 變高和變矮

遊戲目的

幫助孩子鍛鍊筋骨，增強腿部關節和韌帶的靈活性，促進孩子身體發育，為孩子創造力的培養攢下身體的「本錢」。

適合年齡

1 歲半。

遊戲方法

找一塊安全空曠的區域，爸爸跟孩子面對面站著，當爸爸說「來，我們一起變高」的時候，爸爸就跟孩子一起踮起腳尖，伸直身體，然後舉起雙手，人就變高了許多；當爸爸說「來，讓我們一起變矮」的時候，爸爸就跟孩子一起彎腰低頭，然後雙手抱住膝蓋，身體縮成一個球狀，這樣人就變矮了。

遊戲的節奏可以由快變慢，也可以讓孩子自己喊口令掌握節奏。在練習伸展和蜷曲身體的時候，可以鍛鍊關節和韌帶，促進全身肌肉的協調運動。

4. 小白兔跳

遊戲目的

鍛鍊孩子足部的活動能力，發展孩子的運動細胞。讓孩子透過運動促進其智力和創造力的開發。

適合年齡

1 歲半。

遊戲方法

雙手放在頭的兩側，然後伸出食指和中指扮成耳朵狀，模仿小白兔跳，雙足離地向前跳，爸爸可以跟孩子一起比比看誰

跳得更遠。可以在跳的時候一邊唸童謠：「小白兔，白又白，兩隻耳朵豎起來。」來增加遊戲的趣味性。

5. 認識新朋友

遊戲目的

幫助孩子認識眼睛、鼻子、嘴巴等「新朋友」，讓孩子對自己的身體有一個初步的了解。

適合年齡

1 歲半。

遊戲方法

在爸爸讓孩子了解了自己的身體器官之後，就應該開始讓孩子認識每個器官的作用了。爸爸可以抽空跟孩子坐在一起，然後邊指著自己的各個相關部位，邊說：「我用眼睛看東西，我用耳朵聽聲音，我用嘴巴吃東西和說話，我用鼻子聞香味和臭味，我用手拿東西，我用腳走路……」爸爸說完之後可以讓孩子重複，在重複的過程中孩子不可能一下子都記住，爸爸要有耐心，一遍一遍地教孩子。

6. 抓豆豆

遊戲目的

鍛鍊孩子手部肌肉的發展。

適合年齡

1 歲半。

遊戲方法

準備一個空碗，在碗裡放上一些黃豆和綠豆，引導孩子抓起一把豆子，然後將手鬆開，讓豆豆從指縫間滑落掉到碗裡。也可以在邊抓豆豆的時候邊唸：「黃豆綠豆，吃了長肉。」在陪孩子玩遊戲的同時，爸爸一定要做好監護工作，防止孩子將豆豆放入嘴中嗆進氣管。

7. 製作瓜果藝術畫

遊戲目的

透過與孩子一起製作瓜果藝術畫，激發孩子的視覺創意發展，開發孩子的空間智慧，讓孩子的想像力自由飛翔。

適合年齡

2 歲以上。

遊戲方法

首先準備好水彩顏料、瓜子或瓜子殼、糖果包裝紙、大畫紙、膠水等物品。將大畫紙展平放在桌子上或者地上，讓孩子充分發揮自己的想像力，用瓜子、瓜子殼或糖果包裝紙擺成自己喜歡的形狀，然後用膠水黏在畫紙上，之後再用水彩添加上自己喜歡的顏色，讓孩子也擁有一幅自己的創意藝術畫。

8. 瓜子碰碰樂

遊戲目的

讓孩子感受不同瓜子或物品的觸感，刺激孩子的肢體觸覺和大腦，從而發展孩子的情緒，促進孩子人際智慧的開發。

適合年齡

0 到 3 歲。

遊戲方法

要準備好黑瓜子、白瓜子、向日葵種子、開心果等瓜子，還有鍋子。

將各種種類的瓜子放入鍋子中，大約淹沒鍋子的一半，讓孩子將手伸到鍋子裡去碰觸瓜子，可以在鍋中攪拌攪拌，然後再讓孩子洗乾淨的小腳丫也伸到鍋子裡去感觸瓜子，延展孩子的觸覺。

如果孩子年齡較大的話，也可以讓孩子閉上眼睛去感受瓜子，然後讓他去猜是什麼種類，這樣會適當增加遊戲的難度，不過對孩子來講，遊戲的趣味性也增加了。

9. 瓜子交響樂

遊戲目的

鍛鍊孩子的聽覺，增加孩子聽覺的敏銳度，同時也可以培養孩子的節奏感，從而促進孩子肢體動作和音樂智慧的發展。

適合年齡

2 歲以上。

遊戲方法

爸爸可以準備一些瓜子和幾個寶特瓶，讓孩子用手將瓜子慢慢放入寶特瓶中，這樣可以鍛鍊孩子眼睛和手的協調能力，同時也可以提高孩子的肢體觸覺。在瓶中放入定量的瓜子後，爸爸可以幫助孩子將瓶蓋蓋好，然後跟孩子一起有節奏地搖晃瓶子，可以試著打拍子，讓孩子跟著做，也可以播放一些節奏感強的音樂，讓孩子一邊跟著音樂，一邊有節奏地打拍子，以增強孩子的節奏感，開發孩子的音樂智慧。

第七章　杜絕「棍棒教育」，陪兒子一起健康成長

第八章

如何養成氣質優雅、
心智成熟、性格完美的女孩

▍父親是影響女兒一生的關鍵

在傳統觀念中，人們通常認為，男人負責打拚事業，女人負責管理家庭。男人教育兒子，女人教育女兒。其實這樣的觀念並不正確，在女兒的成長過程中父親有著不可替代的作用，母親通常在生活層面對女兒的影響更多，而父親卻會對女兒的性格形成產生至關重要的影響，父女關係在某種程度上決定著女兒一生的幸福。

1. 父親影響女兒對異性的認知和理解能力

在女兒的人生中，父親是第一個男性，女兒對於男性的認知和理解主要來自於父親這個「範例」，並且，在相當長的時間內，父親都是最權威、最值得信賴的「範例」。

父親是否愛家，是否有責任感，是否鎮定、果敢、堅毅，是否博學、智慧，都會成為女兒對異性最初評價的參照標準。家庭生活中的父親的形象，會讓缺乏閱歷和自主判斷能力的女

兒形成男人都應該是這樣的人的想法，這些想法將會直接影響女兒對異性的期待。

有的父親對自己女兒缺乏耐心，態度生硬，平時很少與孩子溝通，什麼事情都推給孩子的母親。這樣的女孩可能會認為男人都是性格急躁，冷冰冰的。如果將來女孩找到一個像父親一樣對自己壞脾氣的男朋友，她很可能會委曲求全，因為她早已認定男人都該是這樣的。

相關研究顯示，父親是女兒未來擇偶的重要參照，如果父親在女兒心中的形象是溫暖的、正面的，女兒就會尋找與父親相似的配偶，如果父親給女兒留下了冷漠的、負面的形象，女兒就可能要麼對異性失望、厭倦婚姻生活，要麼就走極端，男性只要有一點關懷，就一美遮百醜。

雖然在女兒成長的過程中，會有其他的男性形象對她產生影響，但是父親對女兒的影響卻是最初的，具有決定性的。

2. 父親影響女兒處理兩性關係的能力

在家庭生活中父母相處的所有場景，都會成為女兒學習男人和女人相處之道的活教材，女兒會有意無意的模仿自己的父母。我們會經常聽到，小女孩在談論自己的家庭生活時，描述自己父母的互動場景時說：在家裡，爸爸一怎樣，媽媽就如何。如果父母能夠彼此理解、尊重、關愛、相互支持，當遇到矛盾、分歧時，能夠坦誠的溝通，女兒將會從中學到寶貴的經

驗。對女兒而言，家庭就是一個婚姻課堂，女兒步入婚姻前的情感準備，經營婚姻的能力，很多都是從與父母的朝夕相處中學來的。如果父母的婚姻關係不和諧，就會嚴重影響女兒建立婚姻關係的能力，並影響她們對婚姻生活的期望和信心。離異家庭的子女將來離異的機率，也遠遠高於正常的家庭。

好的父親即是女兒的人生導師，又能成為女兒的知己朋友。如果父女之間能夠坦誠、輕鬆、親密、愉快地相處，那麼，女兒在人際關係能力發展方面就會較為順利；如果女兒對自己的父親感到疏遠、懼怕和難以理解，女兒就非常容易產生人際交往特別是與異性交往方面的障礙，她們因為缺乏對異性的認知和經驗，在對待異性的過程中，往往把握不好分寸，要麼冷漠，要麼拒絕，要麼輕信，很難建立和諧的兩性關係。

3. 父親影響女兒的女性氣質和魅力

女性氣質對一個女人非常重要，女兒年幼時與父親的交往會促進或阻礙其女性氣質的發展。如果父親對女兒的穿著、舉止等毫不關心或不善表達，就會阻礙女兒在女性氣質方面的發展；如果父親經常表達自己的看法，女兒就會認同和重視自己的女性角色，父親的欣賞會讓女兒備受鼓舞，更容易形成自己的女性魅力。

然而，有很多的父親在女兒的成長過程中，並沒有成為一個合格的觀眾。有的父親說自己不知道如何與女兒相處，其

實，即使不能成為女兒的知心朋友，只要給女兒更多的陪伴和關注也會大有益處。有的父親說，自己太忙了沒有時間，其實忙只是一個藉口，根本上還是沒有正確地認知和重視父親的角色和作用。

4. 父親影響女兒的信心和上進心

雖然母親與女兒相處的時間更多，但由於在大多數家庭中父親更有權威性，並且父親相對於女兒是異性，所以女兒往往更加在乎父親的評價，也更渴望得到父親的注意和認可。如果把母親比喻成女兒的港灣，父親則是女兒的燈塔和加油站。在家庭中，如果得到父親對自己能力的關注、信任和稱讚，女兒就會更加自信和開朗，所以，當女兒取得成績時，父親應及時表達自己對女兒的認可和讚許。相反，假如女兒感受不到父親的關注和認可，就會認為自己不重要、不可愛，感覺自己備受冷落，更容易形成自卑和孤僻的性格。

父親的關愛在女兒的自尊感和性格形成的過程中，發揮著重要的作用。讓女孩在較小的年齡就親近父親，了解到父親的一些性格特徵，讓她明白這些都是正確的，她不需要完全模仿自己的母親，對女孩的個性發展非常重要。

在社會生活中女兒也常會以自己的父親為榜樣，許多父親會向女兒傳授生活上重要的經驗和教訓，並讓女兒明白社會生活中的各種行為準則。

　　而父親在事業上的拚搏和堅持，更會鼓舞女兒的上進心和積極的競爭精神。即使父親在努力拚搏以後遭遇失敗，對女兒也有鼓勵，她會努力上進，爭取成功。父親失敗以後咬緊牙關，繼續堅持的行為，會讓女兒明白什麼是勇氣和毅力。女兒看到自己的父親每天上班，辛苦地工作，會明白一個人要有家庭責任感，她將來也會努力肩負起自己的家庭責任。

　　父親對女兒的影響還有很多，女兒邏輯思維大多來自父親，女兒運動才能與父親相關。女兒的很多知識也源自父親的傳授，特別是在歷史、政治、天文學等女孩子不感興趣的學科上，有很多女孩從自己的父親那裡繼承了藝術天賦或是職業技能。父親不但會影響女兒的職業生涯、婚姻感情生活，而且還會影響女兒的生活情趣和生活方式等。女兒未來的幸福指數與父親息息相關，為了女兒的幸福，父親需要盡力向女兒傾注更多的愛！

▌0 到 7 歲：塑造性格的黃金時期

　　俗話說：「3 歲看大，7 歲看老。」0 到 7 歲，是塑造孩子性格的黃金時期。在這個階段，孩子的很多性情已經初步定性，對女孩而言也同樣如此。此時，父親對女兒的引導和關愛也就顯得尤為重要了。

　　一般來說，在 7 歲之後的小學階段，女孩會比同齡男孩表現得更優秀，然而進入高中後這種形勢會發生一次逆轉。針對

這種轉變，父母應該在女孩 0 到 7 歲這個階段培養出女孩的完美性格，這更有利於女孩以後的發展與人生走向。

其實，在 0 到 7 歲時，女孩最重要的成長任務還是長身體，其次是學會說話、走路、思考等，為以後的智力發展奠定基礎。父母在提起這個年齡層的女兒時，都會自豪地說：

「我女兒今年才 6 歲，可是都會講很多故事了。」

「我女兒剛 4 歲，都會背很多英文單字了呢！」

確實，女孩在這個時期因為較早發育的記憶天賦和語言系統，往往表現出比男孩更優秀的能力。然而，正因如此，反而容易使父母犯下教育錯誤。

1. 在教育女兒方面，父母最容易犯的第一個錯誤是：想讓女兒在起跑線上超越更多同齡孩子

為此，父母不惜讓女兒參加各種輔導課程，比如思維能力訓練、閱讀能力訓練、背英語單字、背唐詩三百首等。然而，父母卻忽視了這種教育方式是違背女孩自身成長規律的。美國的兒童心理學家透過研究調查證實，在 10 到 11 歲時，女孩才開始具備理性思維。在女孩尚未具備這種能力之前，父母若是強迫她用理性思維去理解、記憶這些事物，只會加重女孩的心理負擔。

一般來說，父母若企圖以人為的、強加的方式去「揠苗助長」，加速孩子思維能力的發展，那麼只會打擊女孩的自信心，

使其在今後的日子裡失去天真的笑顏。

如果父母試圖讓一個小女孩的思維能力加速發展，這樣只會令她在今後的日子裡對自己失去信心。我們都知道，女孩的感情天生更細膩，較為注重人與人之間的關係。在女孩小的時候，為了贏得父母、家人的寵愛，為了讓父母更高興、更自豪，她願意努力做好父母希望她做的事情，比如背唐詩、練鋼琴、學習舞蹈、上補習班等。然而，父母需要注意的是，不是所有女孩都是天才，父母過高的要求和期望會打擊女孩敏感、脆弱的心靈。

另外，當女孩長大後，可能就無法像小時候那樣輕鬆取得好成績，贏得父母的喜愛。而這種前後落差很容易影響脆弱的孩子，使其失去自信心。很多女孩子小時候表現得聰明伶俐，性格也很活潑開朗，可是長大後反而表現出自卑、內向、憂鬱的性格特徵。不得不說，這就是其中一個最主要的原因。

2. 0 到 7 歲這一階段，父母最容易犯的第二個教育錯誤是：試圖透過講道理讓女孩表現出合作的態度

對一個 3 到 4 歲的小女孩而言，不管是怎樣的告誡或者講大道理都不能真正打動她，因為她還根本不具備完全理解和接受的能力。如果父母一心想要小女孩接受並按照他的「大道理」去做，那麼這只是強人所難、揠苗助長罷了，這是明顯不符合女孩成長規律的教育方式。

　　既然講道理不管用，那麼當女孩犯錯時，父母怎樣才能讓女兒表現出合作態度呢？

　　一位父親在分享自己的育兒經驗時，這樣說道：

　　以前，每次看到女兒將自己的玩具亂堆亂放，扔得亂七八糟時，我都會跟她講道理，希望她能乖乖合作。可是，我發現這些道理對她完全沒有用，她根本記不住我的話，也不會乖乖照做。後來，我每次都會親自將她的玩具歸類整理好，並且在做的時候，用行動教她應該怎樣去做。就這樣，我示範了幾次之後，女兒就開始學著自己整理玩具了。

　　0 到 7 歲，小女孩只具備一些基本的象徵性思維。如果希望她們像大人一樣具備邏輯思維能力，並且有步驟、有目標地完成一件事，這是不可能的。她們記不住父母所制定的家庭規則，也無法完全接受那些大道理，父母必須用實際行動告訴她們應該做些什麼、怎麼做，並且反覆提醒、示範。

　　在了解了小女孩在這一時期的特點之後，父母還應該掌握幾種培養女孩的方法。

(1) 減少小女孩做決定的資訊量

　　在這一時期，小女孩對外部世界和事物充滿了好奇心，喜歡和感興趣的東西也很多，如洋娃娃、蝴蝶結、各種款式的衣服等。但是，父母不要提供過多的選擇，因為太大的資訊量會讓她無所適從，反而不知道如何選擇。比如爸爸若問女兒：「妳中午想吃什麼飯呢？」這對小女孩來說，資訊量和思維難度就太

大了，所以也不知道該怎麼回答。若是這樣問：

「寶貝，妳中午想吃炒肉，還是番茄炒蛋？」小女孩就能很快做出回答了。

有人可能會覺得，讓女孩自己思考、做選擇，不是一種很好的教育方式嗎？但是前提是，不能為她們提供太廣泛的選擇範圍。在 7 歲之前因為尚未具備理性思維，太廣泛的選擇只會讓孩子感到困惑、迷茫，缺乏安全感。在減少女孩做決定的資訊量，甚至幫助她做出一部分決定時，只要父母的態度堅決而又和藹，往往能夠贏得女兒的合作。而且，這樣會讓女孩更有安全感，因為她會知道父母在為她負責。而在 7 歲之後，女孩擁有了理性思維之後，父母就可以放手讓她自己做決定了。

(2) 不要讓小女孩過早進入成人世界

父母應該遵循女孩正常的成長規律，不要讓她過早地進入成人世界，因為成人世界充滿各種憂慮、煩惱甚至算計，對女孩的心理健康會產生不良影響。那麼，父母應該怎樣避免女孩過早接觸成人世界呢？

一是不要跟小女孩開一些具有成人特色的玩笑，比如：「妳喜歡什麼樣的男朋友呢？」或者，稱她為小大人、小淑女等，希望她像大人一樣說話、做事，那會讓她困惑、不安。

二是當女孩做出的事情符合她的年齡層時，父母應該給予鼓勵和表揚。這樣，女孩才不會一時被成人世界所吸引。

(3) 尊重這一時期小女孩的情緒

在女孩的嬰兒時代，只能用哭來表達自己的情緒。這時候，因為孩子還不會說話，父母只能耐心地尋找原因，看看是冷了、餓了、尿布溼了，還是害怕了。然而，當女孩學會說話之後，而且所能感受到的情感更複雜之後，父母反而容易忽視女孩的情緒，甚至開始不相信或者否認孩子的情緒。比如：父母可能會對女兒說：

「別哭了，其實打針一點都不痛！」

「我知道，妳一定是裝的！」

當自己的情緒被否認之後，女孩會變得更加不願意和父母合作，甚至和父母唱反調。而這時，有些父母便開始感慨：「為什麼我的女兒越大越不聽話呢？」實際上，不是女孩不聽話，而是她們長大了，有了自我意識。

當她們的自我意識被否定後，就會表現出不高興和抗拒。所以，作為父母，想要讓女兒所謂的「叛逆期」不要那麼早來臨，首先要學會尊重女兒的自我意識和情緒。

■8 到 12 歲：提供更多的陪伴和關愛

一直以來，有兩種教育理念在父母心中可謂深入心底：第一，父親負責打拚事業，母親負責帶孩子；第二，父親負責教育兒子，母親負責管女兒。事實上，這也是很多家長最容易犯的教育迷思。

美國密西根大學曾經做過一項為期 50 年的調查，內容涉及 100 多項，主旨是調查良好的父親教育會對女兒的情感、智力、身體健康等造成怎樣的影響。

調查結果顯示：

43％的女孩認為自己更多地從父親那裡獲得了藝術天分；

53％的女孩成年後回憶時認為，父親教給她們更為豐富的知識，尤其是自然科學、歷史、國際關係等方面；

63％的女孩回憶說，因為父親在自己童年時代給予的關愛，讓自己具備了更強的心理自癒能力，即使遇到挫折也可以從容應對；

69％的女孩認為是父親的鼓勵和讚揚給了自己自信……

這份調查數據可以說帶給了女孩父母們非常深刻的啟示。女孩未來生活的幸福與成功在很大程度上取決於她的心理健康、自信、學識、情商等，而這所有的一切都將與父親這個角色相關。因此，父親對女兒的成長也肩負著非常重要的責任，而不是像很多父母認為的那樣，女兒就應該由母親管。

而對女孩而言，8 到 12 歲這個階段是人生的一個新起點。她們將從童話般的童年世界裡走出來，去探索外面更廣闊而新鮮的世界，這時候父親的角色更是不可或缺的。科學研究顯示，無論是身體，還是大腦，女孩都要比男孩發育得早。特別是在 8 到 12 歲這個階段，女孩的腦細胞更新更快，海馬迴（主管記憶的部分）也特別活躍，而且大腦的血量比男孩多了 15％，腦部

語言中樞比男孩大 1/3。因此，這個時期的女孩也比男孩更具有探索欲望，對新的資訊和知識也充滿了渴望。

所以說，8 到 12 歲是女孩學習的關鍵時期，同時也是父親培養其學習能力的黃金期。那麼，父親應該如何利用女孩在這個時期的特殊優勢，來培養孩子的學習能力，以期對女兒以後的人生造成更好的影響呢？

1. 盡可能多地陪伴女兒

父親往往承擔著更繁重的家庭責任，也是家裡最忙碌的角色，但是一個合格的爸爸應該意識到，女兒比事業更重要，因此無論工作多忙也要找時間陪伴女兒。父親的關愛和陪伴會讓女兒更有安全感，而安全感對女孩的成長是非常重要的。女孩若從小缺乏安全感，會導致一定程度的心理障礙，並且在未來的人際關係中潛意識地不斷尋找「父親」。

也許有些爸爸也感覺苦惱，和男孩在一起可以玩登山、摔跤等遊戲，可是和女兒在一起總不能去玩扮家家酒、洋娃娃之類的遊戲吧？其實，陪伴並沒有那麼難，爸爸也可以選擇一起「工作」。

比如一個三十多歲的成功女性在回憶自己的父親時，說道：「爸爸常想出能夠消磨時光的事情，如集郵、集幣，叫我跟他一起忙。一方面培養我的興趣，另一方面能創造我們父女相處的機會。」其實，女孩希望父親多陪伴自己，並不一定要在一起玩

遊戲，她真正需要的是父親的關心，能夠共同擁有在一起的時光女孩心裡就很滿足了。

2. 多準備一些「情感詞彙」密碼

亞洲父親通常不善於表達對孩子的感情，在面對女兒時，尤為明顯。在這方面，美國父親就沒有任何障礙了，他們經常會對女兒說：「妳太棒了！」「我真為妳驕傲！」當然了，因為文化背景的差異，亞洲父親可能說不出這樣「肉麻」的話，不過也應該多多練習鼓勵和誇獎女兒。

爸爸們在關心女兒的同時，要多地準備一些「情感詞彙」來拉近與女兒的情感距離。這樣一來，等女孩長大了，也不會因為缺乏感情交流而疏遠父親。

3. 尊重女兒內心的意願

在女孩 7 歲前，因為感情細膩、乾淨整潔等特徵往往讓父母感到喜愛，可是在女孩 8 到 12 歲這個階段，父母會驚訝地發現，女兒像變了一個人似的：她想像男孩那樣爬樹，想一個人到外面的世界闖蕩……其實這是因為女孩在這個年齡層，由於身體和智力的發育，她們更願意去探索外面的世界，甚至有些行為看起來有點膽大或冒險，而這正是她們學習活力和探索欲望的表現。

然而，大部分家長卻很難理解女孩在這一階段的某些行

為，甚至會出面訓斥或喝止，因為他們認為女兒的行為太不合常理或太男性化。於是，他們更願意引導女孩去做一個規規矩矩的淑女，將那些看似荒謬的想法都「一棍子打死」。

一個 9 歲的小女孩和爸爸一起在客廳裡看電視，電視上表演的是鬥牛比賽。父女兩人看得津津有味，這時候女兒興奮地對爸爸說：「爸爸，你看那個鬥牛士多酷、多威風呀！等我長大了，也要當一個鬥牛士！」

聽了女兒的話，爸爸一楞，接著嘲笑說：「一個女孩子家，還想做鬥牛士，這是不可能的！」接著，爸爸好像擔心女兒「誤入歧途」似的，又訓斥道：「好了，別說這樣的傻話，女孩兒家努力把鋼琴學好才是正事！」

爸爸的話讓女孩很不高興，不過她也沒有再說什麼。只是以後每次在練鋼琴的時候，她都會情不自禁地冒出一些牴觸情緒。

在 8 到 12 歲這個年齡層，女孩有時也會考慮自己的將來：將來會變成一個怎樣的人，將來會從事哪種職業等，有時她們也會與父母探討自己的想法。然而，就像案例中的父親一樣，很多家長在聽到女兒表達出一些不合常理或者不符合身分的未來建設時，都會一口否決。然而，父母其實也應該考慮一下：這是女兒內心真正的想法嗎？

就拿這個想當鬥牛士的小女孩來說，這是她真正的願望嗎？的確，她在那一刻是有那樣的想法，但是她在知識、經

驗、思考都不足的情況下，只是看到鬥牛士的威風而看不到危險性。也就是說，這是孩子在認知不全面的情況下發出的稚嫩聲音。而父親直接否定的態度，卻引發了女孩心中的反感情緒。因為女孩注重情感和人際關係，所以不會當面反抗父親，可是卻會用其他方式表現自己的不滿，如不好好練琴等。

另外，在這種情況下，父親對女孩的想法的否定，也妨礙了女孩的學習熱情與探索欲望，這會影響女孩今後的學習積極性。因此，在女孩 8 到 12 歲這一階段，對於女兒不切實際的想法，父親不應該給予直接否定，而應該尊重女孩心裡真正的聲音，然後再慢慢引導。

4. 用藝術來滋養女孩

8 到 12 歲，在這個美好的年紀女孩正處在充滿活力、樂於探索的階段。

與此同時，很多複雜的情緒也會困擾著女孩，而這種莫名其妙的情緒也正是因為強烈的探索欲望而起。而在很多時候，對於很多問題其實她們都很難得到一個滿意的答案，比如相比弟弟父母更喜歡誰、大人做事的背後到底是什麼動機、為什麼自己的好朋友突然不和自己玩了等等。

這些複雜的情緒和問題背後，是女孩被攪得煩亂、焦躁的心。她們也想梳理好這一切，可是卻無從下手；父母也想幫助孩子解決煩惱，可是只能徒勞無功。對此，教育專家給出的建

議是：用藝術去轉嫁女孩過剩的情緒和情感。比如讓女孩學習舞蹈、繪畫、音樂等，讓她們的情緒在藝術中得到更好的抒發。

而且，在這一階段，女孩的心臟和肺功能也將得到重要發展，唱歌和跳舞不僅能鍛鍊她們的身體機能，還能豐富她們的內心世界與情感表達，增強她們對人生的憧憬、幸福感和預見能力。

12 到 18 歲：父親如何幫助女兒度過青春期

12 到 18 歲的青春期是女孩從依賴走向獨立的成長過程，在這個過程中，女孩的生理和心理都處在走向成熟而又尚未完全成熟的過渡期。青春期的女孩總是嚮往成熟又懷念童年，追求完美又總有缺憾，拒絕被灌輸又渴望得到幫助。這些在家長眼中荒唐無聊的矛盾的心理，對女孩的成長來說意義重大。

在這一時期如果父母不了解自己的女兒，對女兒橫加約束，往往會產生很多矛盾，也不利於女兒的成長。女孩的青春期教育，需要家庭、學校來共同完成，學校會教授她們青春期的生理和心理衛生課程，而在生活方面多由母親對女兒進行指導。更為關鍵的是女孩在青春期會在消費、交際、學習等方面產生很多的心理困惑，此時父親需要了解女兒的心理需求，並給予正確的指導，幫助女兒順利度過青春期。

1. 引導女兒建立正確的消費觀念

女孩進入青春期以後對物質的需求會悄然變化，剛剛進入青春期的女孩，不太追求個性化，而是透過從眾尋求安全感，希望更好地融入自己的同齡層中。隨著年齡的增長，女孩們對自己所處的環境更加熟悉，也更了解自己同學、朋友的個性，就會慢慢產生彰顯個性的需求，並會形成比較的心理，女孩們正是在比較中累積經驗，並對自己在人群中進行定位，這種比較對女孩的成長具有積極的意義。

女孩們有可能會學會化妝、染髮，並要求穿著性感的服裝。其實她們是希望透過這些儀式，向成年人看齊，在小群體中標榜自己的個性，而有的家長卻會把這些行為，簡單地理解為比較和叛逆。

面對女兒的物質需求和消費觀念的變化，父親首先需要根據女兒的同學和朋友的物質需求的平均標準和自己家庭的經濟狀況，判斷女兒的物質需求是否正常。引導女兒建立理性的正確的消費觀念，對於女兒的正常物質需求應當盡力滿足，而對於較過分的需求，則需要與女兒進行溝通，引導女兒建立理性的正確的消費觀念。父親應當注意防範女兒的物質需求膨脹，熱衷於消費競爭無心學業。即使自己的家庭經濟條件較為寬裕，也應教育自己的女兒要勤儉。如果家庭經濟狀況不好，則更不能因為擔心女兒受委屈，而硬撐著滿足女兒的高消費，這樣的做法不僅不會讓女兒建立自信，還會形成畸形的消費心理。

2. 引導女兒建立正確的交友原則

進入青春期後，女孩的思想和情感會發生很多變化，她們有時會浮想聯翩，有時會憂心忡忡，有時會大喜大悲。因為擔心家長會對自己的思想和情感的變化感到緊張和擔心，並可能會責備自己，女孩們往往認為向自己的朋友吐露心聲更可靠、更安全。另外，隨著年齡的增長，女孩們的視野更加開闊，與社會的接觸面更廣，她們會不斷地遇到新的問題，而此時朋友往往是最直接的幫助者。因此，女孩們不再依賴自己的父母，她們的思想和情感會向朋友轉移。她們會結交自己信任的朋友，建構自己的小圈子。

此時，父親應當支持自己的女兒正常交友，引導女兒建立正確的交友原則，並對女兒提出具體簡單的交友底線。比如，不要與帶自己做壞事的人交朋友，不要與不守信用的人交朋友，不要與自私的人交朋友……另外，這一時期的女孩們往往會認為友誼是永恆的，當自己的朋友疏遠自己時，有可能會受到傷害。父親要讓自己的女兒明白，朋友之間的關係是會發生變化的，友誼有可能會中斷，讓女兒有一定的心理準備。

3. 引導女兒正確處理與異性朋友的關係

女孩進入青春期後，與異性接觸時會產生微妙的變化，她們開始注意高大帥氣的男孩，並與自己的朋友一起對男孩們評頭論足。起初只會有一些新鮮刺激的感覺，漸漸地女孩們開始

明白自己喜歡什麼樣的男孩，並希望與他們交往。最初的交往形式可能只是嬉笑聊天，打打鬧鬧，很多女孩透過這樣簡單的交流，增加對男孩的了解。大多數女孩只把這種交往看作同學間的友誼，她們知道自己嚮往的愛情還沒有來臨，她們會選擇等待。

但確實也有女孩會未成年戀愛，這些「愛情」很多是以壓力、誤會和親人的失落開始的。

國三女孩小麗最近發生了一些變化，她的身邊多了一叫大偉的男孩。課間他們經常坐在一起聊得熱火朝天。他們吃飯時一起吃，放學後也一起走。

班裡的同學都說他們未成年戀愛了，後來班主任老師把這一情況告訴了兩個孩子的家長。其實，小麗的父母也發現，小麗每天晚上都要與大偉在電話裡聊一個多小時，節假日時聯絡更頻繁。

起初小麗的父母都沒在意，時間長了便感覺不太正常。當小麗的母親問起小麗時，小麗說：「沒你們想得那麼複雜，我們只是好朋友而已。」

青春期，是戀愛的前奏，是步入愛情的序曲，孩子們憧憬愛情也是必然的，如果女兒與某個男孩交往過密，父親千萬不能直接誤解成未成年戀愛。有時候缺乏溝通的懷疑、捕風捉影的批評，往往會讓女兒產生反抗心理，最終適得其反。父親需要分析女兒與男孩交往過密的原因，是不是課業或生活中壓力

較大，需要找人傾訴；是不是家庭關係不和諧，對女兒產生了影響，女兒需要尋求安慰……

其實有未成年戀愛問題的女孩，往往會有一定的心理困惑，這就需要父親與女兒坦誠地溝通，幫助女兒解決問題。當女兒提到某個男孩時，不要太過緊張，更不要急於責備女兒不專心讀書，而是要耐心聽女兒把話說完，並把情況詢問清楚，然後思考正確引導的方法，等考慮成熟了再與女兒溝通。女兒通常會相信並採納父親的建議，這樣的溝通方式會讓女兒知道此類的情感問題可以與父親溝通，不會遭到父親的責備，以後遇到這樣的問題女兒就會主動向父親尋求幫助。這樣的坦誠溝通也會贏得女兒的信任，女兒會把父親當成自己的知心朋友。

女孩進入青春期後，活動範圍越來越大，需要她們自己獨立處理的問題也越來越多，越來越複雜，而此時她們往往容易受到外界事物的渲染，很容易冒失。她們對外面的世界充滿了好奇、疑問和恐懼。女孩在青春期可能遇到的困難還有很多，比如不知道如何與新同學、新老師打交道；不知道如何調整自己的情緒，時常與同學發生衝突；不知道如何面對失敗，她們想要知道人為什麼活著？什麼是人生觀？什麼是幸福？她們有太多的迷茫，她們需要有人幫助和指導。

父親自然希望幫助自己的女兒，然而要想真正幫到自己的女兒，就要充分尊重自己的女兒，改變以自己的意志為中心，改變命令式的教育方式。要透過換位思考找問題，與女兒平等

坦誠地溝通，信任自己的女兒，也讓自己的女兒信任自己，做女兒的好榜樣、好朋友。

▍拓展遊戲，審美訓練：培養孩子的審美感知力

1. 騎小馬（適合年齡：0 到 3 歲）

在房間裡放一些動感的音樂，爸爸雙腿併攏坐好，把寶寶抱起來讓他騎坐在自己的大腿上，隨著音樂的節奏，爸爸把腿輕輕地踮起再放下，再踮起再放下，讓寶寶隨著音樂節奏快樂地騎小馬。

2. 玩具在哪裡（適合年齡：0 到 3 歲）

先準備兩個空碗和一樣寶寶熟悉的小玩具，爸爸和寶寶分坐桌子兩邊，用玩具吸引寶寶的注意力，然後在寶寶的注視下把玩具扣在一個碗下，之後爸爸推著兩只碗在桌子上不斷地變換位置，一會停下來讓寶寶猜玩具在哪裡。

3. 連連看（適合年齡：0 到 3 歲）

先準備一組圖片和相應的實物，最好都是寶寶熟悉的東西，然後爸爸把圖片一張張地給寶寶讓他分別找出對應的實物，也可以拿一個實物給寶寶看，然後讓寶寶在一組圖片中找出對應的那張，之後再換另一個。

4. 煎雞蛋（適合年齡：1 到 3 歲）

玩煎蛋遊戲之前，爸爸先煎熟一個雞蛋讓寶寶觀察，等寶寶熟悉煎雞蛋的樣子以後，再給寶寶圓形的白紙片和黃紙片，白紙片要比黃紙片大一些，教寶寶把兩者組合在一起做成煎雞蛋的模樣。

5. 小手爬山（適合年齡：0 到 3 歲）

這個遊戲得配合兒歌來做：「小小手學爬山，一爬爬到腳背上，腳背腳背摸摸。小小手學爬山，一爬爬到膝蓋上，膝蓋膝蓋碰碰。小小手學爬山，一爬爬到肚子上，肚子肚子揉揉……」爸爸一邊哼著這首兒歌，一邊引導寶寶用小手來觸碰他的身體，讓寶寶更多的了解自己的身體各部位。

6. 空氣寶寶（適合年齡：0 到 3 歲）

爸爸與寶寶各拿一個塑膠袋，讓寶寶模仿爸爸的動作，把塑膠袋開口放在嘴邊吹幾口空氣，等塑膠袋充滿氣時快速紮緊開口，然後引導寶寶用手接觸鼓鼓囊囊的空氣寶寶，同時教寶寶區分上下、前後、左右。

7. 不同的聲音（適合年齡：0 到 3 歲）

爸爸準備三個空的礦泉水瓶，在裡面分別裝入一把米、一

些水和一顆石子，將這幾個瓶子分別在寶寶耳邊搖一搖，讓寶寶仔細感受不同的聲音。

8. 火眼金睛（適合年齡：各個年齡）

透過做這個遊戲，可以增強寶寶的判斷能力，將來遇事更容易思考對錯而不是簡單的接受。

爸爸故意說一個錯誤的句子，比如「春天，樹葉黃了」，然後請寶寶找出句子的錯誤之處，再把它改過來──「秋天，樹葉黃了」。為了維持寶寶的興趣，寶寶做對的時候爸爸可以適時地誇讚寶寶或者給出獎勵。

9. 反義行動（適合年齡：各個年齡）

透過這個遊戲可以加快寶寶的反應速度，同時提高寶寶的判斷能力，並且增長反義詞的知識。

爸爸先引導孩子熟悉一些詞和它們的反義詞，比如大、小，前、後等，等寶寶掌握了以後跟寶寶解釋遊戲規則。爸爸說出一個詞，寶寶做與之相反的動作，寶寶如果做對了就輪到寶寶說一個詞讓爸爸做相反的動作。比如一方說「上」，另一方就用手指向「下」，一方說「向左轉」，另一方就「往右轉」。如果誰做錯了，就由對方彈一下腦門以示懲罰。

10. 紙牌遊戲（適合年齡：各個年齡）

透過與寶寶玩牌，讓寶寶學習大小的比較。

取一把紙牌，爸爸和寶寶各拿一半，把牌背面朝上攤放在桌子上。開始遊戲後，雙方各抽出一張牌，翻過來比較正面的大小，一邊引導寶寶說出來兩張牌是幾和幾，誰大誰小，小的那張牌被大的吃掉，變成大牌那方的戰利品，再從剩下的牌中抽取一張繼續玩。如果恰好兩張牌一樣大就各自收回，再進行下一場比試。最後手中的牌都出完，誰贏得牌多誰就是贏家。

11. 體驗下雨（適合年齡：各個年齡）

透過在室外體驗下雨，培養寶寶對大自然的親近與欣賞，同時雨後空氣清新，對寶寶的健康也大有裨益。

讓寶寶穿上雨靴，打一把透明雨傘，帶寶寶到草坪上或者公園裡，觀察雨點打到雨傘和地面上濺起的水花，傾聽雨點落到樹葉和房頂的聲音。

雨停以後，讓寶寶在小水窪裡踩一踩，玩一玩留在青草葉子上的雨滴，如果趕上太陽出來跟孩子一起找一找彩虹，讓寶寶體驗到大自然的美麗。

12. 廣告紙遊戲（適合年齡：各個年齡）

跟寶寶用廢棄的廣告紙玩各種遊戲，為寶寶帶來快樂的同時身體力行了環保。

撿起隨手廢棄的廣告紙，爸爸也可以跟寶寶玩一個愉快的下午。如果廣告紙上面圖案優美，爸爸不妨將它裁剪成均勻的紙片，讓寶寶玩拼圖；

如果色彩鮮豔，不妨把它裁成紙條，然後跟寶寶一起把它加工成斑斕的彩鏈掛在房間裡做裝飾；廣告紙還是折紙遊戲的好材料，巧手的爸爸可以教寶寶折各種小東西，如飛機、青蛙、小船，甚至大的廣告紙還可以折成小籃子，放在桌子上當個漂亮的垃圾箱。

13. 捕魚達人（適合年齡：24 個月以上）

透過自己動手捉魚捉蝦，寶寶在收獲了快樂的同時，還鍛鍊了眼睛和手的協調。

爸爸事先需要準備兩個裝了水的盆子，一個長柄的小網兜，一群活的小魚或者蝦。爸爸把魚蝦放在一個水盆裡，讓寶寶蹲在水盆旁邊，用網兜把魚蝦從這個水盆撈到另一個水盆。爸爸可以先向寶寶示範幾次，寶寶撈起了魚以後爸爸可以給寶寶適當的誇讚。如果寶寶已經玩得很好了，還可以增加難度，讓寶寶把魚和蝦分到不同的盆裡。

14. 開鎖遊戲（適合年齡：18 個月以上）

透過開鎖的學習，讓寶寶的雙手變得更加靈活，同時新技能的學成也帶給寶寶大大的成就感。

準備一把鎖和一把鑰匙，爸爸先在寶寶面前仔細地示範幾遍，把鑰匙插進鎖孔裡，輕輕轉動，隨著輕微的「呀」的一聲，鎖就彈開了。寶寶看清楚了以後，爸爸指導寶寶自己做。讓寶寶一手拿鑰匙，一手握鎖，慢慢地、耐心地把鑰匙對準鎖孔插進去，然後往右擰動。整個過程爸爸要耐心，並且盡量多鼓勵寶寶，寶寶學會了爸爸也不要吝惜自己的誇讚。

拓展遊戲，審美訓練：培養孩子的審美感知力

電子書購買

爽讀 APP

國家圖書館出版品預行編目資料

爸爸的陽光 × 媽媽的柔情，讓孩子在愛中茁壯
成長：身為一名父親，該如何與孩子攜手共度
成長之旅 / 鄧國弘，張美英 著 . -- 第一版 . -- 臺
北市：崧燁文化事業有限公司 , 2024.06
面；　公分
POD 版
ISBN 978-626-394-349-0(平裝)
1.CST: 家庭教育 2.CST: 親子關係 3.CST: 父親
528.2　　113007235

爸爸的陽光 × 媽媽的柔情，讓孩子在愛中茁
壯成長：身為一名父親，該如何與孩子攜手
共度成長之旅

臉書

作　　　者：鄧國弘，張美英

發 行 人：黃振庭

出 版 者：崧燁文化事業有限公司

發 行 者：崧燁文化事業有限公司

E - m a i l：sonbookservice@gmail.com

粉 絲 頁：https://www.facebook.com/sonbookss/

網　　　址：https://sonbook.net/

地　　　址：台北市中正區重慶南路一段 61 號 8 樓

8F., No.61, Sec. 1, Chongqing S. Rd., Zhongzheng Dist., Taipei City 100, Taiwan

電　　　話：(02) 2370-3310　　　傳　　　真：(02) 2388-1990

印　　　刷：京峯數位服務有限公司

律師顧問：廣華律師事務所 張珮琦律師

-版權聲明

定　　　價：399 元

發行日期：2024 年 06 月第一版

◎本書以 POD 印製

Design Assets from Freepik.com